BIBLIOTECA LODOICÆA AUGUSTA
HOMER
PLATON
ARISTOT
TRIVIUM HERMATHENÆ SACRUM
BIBLIOTHEQUE CURIEUSE &
INSTRUCTIVE.
P. Ertinger f.

BI

CU

NS

ivers C
de

TO

De

JEAN
re du Ro
rue S. Ja

Avec P

BIBLIOTHEQUE CURIEUSE ET INSTRUCTIVE

De divers Ouvrages Anciens & Modernes, de Litterature & des Arts.

Ouverte pour les Personnes qui aiment les Lettres.

TOME PREMIER.

De l'Imprimerie de S. A. S.
A TREVOUX.
Et se vend à Paris,
Chez JEAN BOUDOT Libraire, Imprimeur Ordinaire du Roi, & de l'Academie Royalle des Sciences, ruë S. Jaques au Soleil d'Or près S. Severin.

Avec Privilege & Approbation. 1704.

A

SON ALTESSE SERENISSIME

MONSEIGNEUR PRINCE SOUVERAIN DE DOMBES.

MONSEIGNEUR,

Les Princes qui ont voulu rendre immortelle la memoire de leur nom, n'ont gueres moins pris de ſoin de faire fleurir les Lettres & les beaux Arts, que de ſe

 rendre

rendre celebres par le succès de leurs armes victorieuses, & par les conquêtes, qui ont étendu les limites de leurs Etats.

Ils ne se contenterent pas des trophées élevez sur les champs de bataille où ils avoient défait leurs ennemis, ni des Arcs de Triomphe qu'on leur dressoit au retour de leurs expeditions militaires. Ils firent construire de magnifiques Bibliotheques, où ramassant les tresors dispersez des Sciences & des Arts, ils voulurent que ce fussent autant de monumens publics de leur zele pour l'avancement & le progrés des Etudes de leurs Sujets les plus distinguez par l'élevation de leur genie & par la diversité des talens qui pouvoient les rendre recommandables.

Cyrus qui merita le nom de Grand, pour avoir établi l'Empire des Perses sur les rüines de l'Empire des Medes aprés la rüine d'Astyage, transfera les depoüilles des Sçavans de Chaldée & de Babylone dans ses Etats; & la connoissance qu'il eût des Livres de Moyse le Legislateur des

Hebreux, lui fit permettre à cette Nation; qui seule connoissoit le vrai Dieu, de retablir le temple de Jerusalem; en même temps qu'il en consacra un aux Muses en établissant une Bibliotheque.

Vous sçavez, MONSEIGNEUR, *puisque rien n'est inconnu à V. A. S. des mysteres de la plus haute antiquité; vous sçavez, dis-je, que les Ptolomées assemblerent jusqu'à sept-cens mille volumes parmi lesquels les plus considerables furent ceux de l'Ancien Testament, traduits par les Septante fameux Interpretes qu'ils emploïerent à cette Traduction.*

Si les Egyptiens se distinguerent si fort en la connoissance des Sciences & des Arts, qu'ils possederent les premiers; ce fut par le soin qu'ils prirent de recüeillir les Ouvrages des Poëtes, des Historiens & de tous les autres Sçavans de leur païs.

Ce fut par ce moïen qu'Alexandrie devint une Ecole publique de Geometrie, de Musique, d'Astrologie, de Medecine, de

Philosophie, aprés avoir assemblé à grands frais toutes les richesses de ces Sciences, ce qui attira dans cette ville tant de Sages ; qu'Alexandrie se rendit la Maitresse du Monde, non pas en érigeant sur les autres Nations une espece de tirannie, mais une superiorité de Sagesse, qui lui fit éloigner la Barbarie de toutes les Provinces voisines, en polissant les esprits & en les instruisant de tout ce que la raison humaine est capable d'apprendre & de concevoir.

Si les soldats Romains s'accagerent depuis ces tresors de l'antiquité, comme ils enrichirent le capitole des plus précieuses dépoüilles de ces Provinces subjuguées, Jules Cesar qui s'étoit acquis la reputation du plus sçavant & du plus éloquent des Romains avant qu'il songeat à celle de conquerant, voulut que le temple d'Apollon bâti sur le Mont-Palatin à l'opposite du Capitole, fut le depositaire public de toutes les richesses de l'esprit, par le grand nombre de livres qu'il y fit porter.

Auguste son fils adoptif & son Successeur

ſeur à l'Empire, ne fut pas moins le Succeſſeur de cet amour pour les Lettres. Il donna le nom d'Auguſte à ſa Bibliotheque aprés que le Senat lui eut fait prendre un ſi beau nom, pour marquer le rang qu'il tenoit dans la Republique Romaine. Trajan ſuivit ſon exemple & la Bibliotheque qu'il fit dreſſer au milieu de Rome avec les ſtatuës & les images de tant de Sçavans & de tant d'illuſtres Romains dont il fit revivre la memoire, ſervit à éterniſer la ſienne.

Mais pourquoi, MONSEIGNEUR, *aller chercher dans les temps ſi reculez des modeles du zele que V. A. S. fait paroître pour la gloire des Lettres, quand elle en a de domeſtiques incomparablement plus glorieux ? quels ſoins ne prit pas Charlemagne pour faire dans tous ſes Etats des Ecoles auſſi fameuſes que celles d'Athenes & de Rome ? combien attira-t-il de Sçavans d'Italie, d'Angleterre, d'Eſpagne & des Provinces d'Orient pour faire de la France la plus polie de toutes les Nations ? ces divines connoiſſances qui aiment le ſilence & le re-*

pos, pour être d'un naturel plus tranquille que les entreprises militaires & politiques, choisirent alors la solitude en se confinant dans les Monasteres, comme si elles s'étoient défiées de pouvoir conserver leur tranquillité dans le tumulte du grand monde.

François I. fut plus heureux à apprivoiser ces filles de la Raison : il les fit venir à la Cour, il les logea dans ses Maisons Royalles pour en faire ses domestiques, & la France insensiblement devint la Mere des beaux Arts, comme elle étoit depuis long-temps le Theatre de la valeur & l'Ecole des grands Capitaines & des plus sages Politiques.

Cependant les troubles qui agiterent depuis cette puissante Monarchie par les revolutions que les guerres civiles & les nouveautez en fait de Religion, y causerent durant plus d'un siecle, demandoient un Heros tel que vôtre Auguste Pere, tant pour delivrer le Royaume de toutes ces pestes publiques, que pour y retablir la paix & y rappeller les beaux Arts. Egalement Grand & par ses conquêtes & par la la ſageſſe de ſon gouvernement, il ſe voit le plus heureux des Souverains au milieu d'une floriſſante Cour, où ceux de ſon Sang ſont uniquement appliquez à ſe rendre dignes de lui, & ſa Nobleſſe toûjours diſpoſée à ſacrifier & ſa vie & ſon repos pour ſon ſervice.

Il voit auſſi tous les beaux Arts & toutes les Sciences s'empreſſer à rendre celebre à la poſterité, un Nom qu'il rend ſi glorieux pour ceux qui le ſuivront un jour, ſi terrible à ſes Ennemis, ſi utile à ſes Alliez, & ſi venerable à tous les peuples, qui ont le bonheur d'être les témoins de ſes actions ſurprenantes, & d'une conduite ſi ſage. Que n'a-t-il pas fait en faveur des lettres au milieu des prodiges de valeur qui en font le Heros le plus Grand que l'Europe ait vû depuis plus de ſix ſiecles? Tant d'Academies établies ou renouvellées: ſa Bibliotheque enrichie de tant d'excellens Manuſcrits & de tant de Livres étrangers, Grecs, Arabes, Perſans, Chinois, & d'autant de Langues differentes, qu'il y a de Sçavans qui les parlent, ou qui les entendent, les Ecoles de Droit, de Medecine, de Mathematiques, d'Experiences, de Peinture, d'Architecture, de Musique fondées ou multipliées : la Philosophie devenuë plus curieuse & plus utile, l'Histoire plus sûre & plus developpée de fables & d'ignorances grossieres ; la Poësie plus sage & plus reservée, aussi bien que plus polie, l'Eloquence plus grande & plus majestueuse, & ce qui est encore plus grand que tout cela, la Theologie si sainte & si éloignée de l'esprit d'erreur, dont il a fait cesser les querelles par le zele & l'application de ses Prélats aussi bien que par leur éminent sçavoir.

C'est l'effet du choix qu'il fait avec tant de maturité, des plus sages têtes du Clergé pour remplir ces premieres places si importantes au bien de la Religion & aux interêts de l'Eglise.

Animé de ce même esprit, comme sorti de son Sang, vous marchez MONSEIGNEUR, sur les pas de LOUIS LE GRAND. V. A. S. se propose ses grands exemples a imiter. L'amour qu'elle témoigne pour les Lettres, aussi bien que

l'ardeur

l'ardeur qu'elle a de le ſervir dans ſes Armées pour être l'inſtrument de ſes conquêtes, vous a fait établir dans vos Etats des moiens de contribuër à la gloire des Sciences & des beaux Arts. Vous en voulez laiſſer à la poſterité des Memoires qui ne ſçauroient perir, étant d'un goût & d'un merite à ſe faire rechercher de tous les habiles gens de quelque Nation qu'ils ſoient.

C'eſt, MONSEIGNEUR, pour ètendre ces ſecours juſqu'à ceux qui n'ont qu'une mediocre teinture de ces beaux Arts, & qui aſpirent cependant à de ſi nobles connoiſſances, qui peuvent polir leur eſprit & perfectionner leur raiſon dans le commerce des honnêtes gens, que V. A. S. a voulu qu'on leur ouvrît une eſpece de Bibliotheque publique, où leur curioſité pût ſuffiſamment s'inſtruire, & qu'on leur propoſât des moïens de pouvoir parler raiſonnablement de ces connoiſſances aiſées, qui n'ayant pas l'ambition de vouloir paſſer pour Sciences, ſe contentent du titre de beaux Arts. Vôtre protection, MONSEIGNEUR, leur sera un titre assez specieux pour tenir quelque rang dans le Monde, où elles ne sçauroient trouver ni de plus puissant appui, ni de nom plus glorieux que celui de V. A. S.

BIBLIOTHEQUE
CURIEUSE
ET
INSTRUCTIVE

De divers Ouvrages Anciens & Modernes, de Litterature & des Arts.

Ouverte pour les Perſonnes qui aiment les Lettres.

COMME il y a des Bibliotheques publiques qui s'ouvrent certains jours & à certaines heures, en faveur de ceux qui ne peuvent avoir un aſſez grand nombre de livres pour ſatisfaire pleinement le deſſein qu'ils ont d'apprendre & de s'inſtruire. S. A. S. Monſeigneur le Prince Souverain de Dombes, pour la ſatisfaction des gens de Lettres, à établi dans Trevoux une Imprimerie, où l'on donne ne tous les mois des Memoires des Sciences & des beaux Arts, avec des Extraits des meilleurs livres qui parroiſſent, & des reflexions ſçavantes ſur ces Ouvrages, faites par des perſonnes de choix & d'une profonde érudition que cette Alteſſe a prépoſez à la publication de ces Memoires. Elle a voulu encore pour une plus grande utilité de beaucoup de perſonnes moins appliquées à l'Etude des Sciences, ouvrir une eſpece de Bibliotheque Curieuſe & Inſtructive à beaucoup d'honnêtes gens, qui ne faiſant pas une profeſſion expreſſe d'aucune Science, ni d'aucun des beaux Arts, veulent néanmoins en ſçavoir ſuffiſamment pour en parler à propos dans les converſations & dans le commerce des perſonnes ſpirituelles.

Car il y a une diſtinction notable à faire, entre l'Etude des Sçavans de profeſſion, & l'Etude d'un honnête homme. La premiere demande toute l'application de l'eſprit, & un travail aſſidu pour ſe rendre habile en chacune des Sciences aux quelles on s'attache, & qui ſont d'une vaſte étenduë.

étenduë. Il faut toute l'attention & un travail sans relache pour former des Theologiens, des Philosophes, des Mathematiciens, des Jurisconsultes, des Canonistes, des Medecins & des Orateurs accomplis.

Il en est de même de certains Arts. Pour se rendre habile Peintre, excellent Architecte, exact Geographe, bon Sculpteur & parfait Musicien, il faut un genie heureux, beaucoup de tems, de travail & de pratique, quand on veut exceller en ces Arts, dont on peut dire de chacun en particulier, ce qu'Hypocrate a dit autrefois de la Medecine: que la vie de l'homme est trop courte pour pouvoir acquerir une connoissance parfaite de ces Sciences & de ces Arts, & s'y rendre habile. *Ars longa, vita brevis.*

Cependant comme dans les Colleges qui sont destinez à l'instruction de la jeunesse, les plus habiles Professeurs n'ont jamais prétendu former des sçavans dans le peu d'années que l'on y met aux études, mais seulement donner les premieres teintures des sciences & enseigner les manieres

manieres de ſe rendre ſçavant, en expliquant les Auteurs les plus celebres, en exerçant l'eſprit & la memoire, & en cultivant les ſujets qui ont du genie & de la diſpoſition pour réüſſir en certaines eſpeces de Litterature; C'eſt pour cela qu'ils en donnent les principes, & ſur tout, ceux des Langues, qui ſont en uſage parmi les Sçavans, pour l'intelligence des bons livres écrits en ces Langues ſur diverſes matieres. Comme ils ſe propoſent de mettre en état ceux qu'ils inſtruiſſent, de lire, de mediter, d'écrire & de compoſer exactement pour ſe former eux mêmes dans le Cabinet, aux Etudes dont ils veulent faire profeſſion, & dans leſquelles ils deſirent de ſe perfectionner. On ne pretend de même ici que d'ouvrir aux honnêtes gens des moïens de ſe cultiver dans les connoiſſances qui peuvent leur ſervir pour le commerce du monde.

Il y a parmi les anciens Grecs un Auteur excellent pour apprendre à parler des choſes qui entrent ordinairement dans les converſations des honnêtes gens. Le merite de cet Auteur

Auteur n'a jamais été bien connu, parceque l'on n'a point compris quel avoit été son dessein & le but de son ouvrage, que l'on a crû, n'être fait que pour exercer les enfans à des compositions de College. Ce qui fait qu'on le leur met entre les mains pour les disposer à l'étude de la Rhetorique & de l'Art de persuader. Cet Auteur est Aphtone, l'un des anciens Rheteurs, qui n'a traité que la Rhetorique propre des conversations, dont cet Auteur à enseigné les manieres de fournir avec politesse des sujets aux entretiens ordinaires des honnêtes gens dans ces assemblées, où l'on ne porte pas des discours preparez & meditez comme dans les Academies, & à des conferences reglées. Aphtone a reduit à certains chefs les sujets, les plus ordinaires des conversations, où l'on fait de petits contes agreables pour réjoüir la compagnie; ce que cet Auteur traite sous le nom de fables, *Fabula* : sujets d'autant plus propres de ces conversations, que les Latins disoient en leur langue *Confabulari* pour ces sortes d'entretiens plaisans,

plaiſans, où l'on ne cherche qu'à s'égaïer & dont un Poëte moderne nous à bien voulu donner un Art en un poëme de quatre où cinq-cens vers ſous ce titre : *Ars confabulandi* que l'on n'appellera jamais Art de perſuader, comme les regles de la grande Eloquence qu'Ariſtote nous a données en trois livres.

Le ſecond ſujet eſt celui des Nouvelles qui ſe racontent d'une maniere plus ſerieuſe, ce qu'il nomme Narration *Narratio*; Talent que S. Luc attribuoit aux Atheniens & aux Etrangers qui demeuroient à Athenes, lorſqu'il diſoit d'eux *Athenienſes omnes & advenæ hoſpites, ad nihil aliud vacabant niſi aut dicere aut audire aliquid novi.*

Le troiſiéme eſt l'idée d'une converſation reglée & plus étenduë ſur quelque ſujet pris d'une action ſinguliere, ou de quelques paroles, que l'on releve & ſur leſquelles chacun dit ſon ſentiment. C'eſt ce que cet Auteur appelle *Chrie*, d'un mot Grec qui ſignifie proprement converſation, que cependant les Traducteurs on rendu par celui d'utilité ou de neceſſité. La plus-part des Dialogues

gues de Platon & de plusieurs des anciens, sont de ce genre de discours.

Le quatriéme est la maniere d'exposer son sentiment sur quelque question proposée, *Sententia.*

Le cinquiéme est la maniere d'appuïer son sentiment & de prouver par raison ce qu'on a avancé. C'est ce qui est nommé *Confirmatio*, comme le sixiéme est au contraire la refutation du sentiment de quelque autre, *Confutatio.*

Le septiéme est une proposition vague traitée en general, ce qui arrive ordinairement aux conversations, où les entretiens ne sont gueres gênez, *Locus communis*, & où certains grands parleurs prennent plaisir à battre beaucoup de pays.

Comme il est peu d'Entretiens entre deux ou trois personnes, où n'entrent ordinairement les affaires de divers particuliers, dont on blâme la conduite des uns & on loüe celle de quelques autres, selon que l'on est bien ou mal affectionné à l'égard de ces personnes. Le 8. & le 9. sujet que propose Aphtone, est la loüange & le blame, *Laudatio & Vituperatio*

Vituperatio. Si la flatterie enſeigne l'un, la mediſance eſt un grande maîtreſſe pour l'autre.

La comparaiſon de certaines perſonnes illuſtres diſtinguées par leur naiſſance, ou par leur eſprit, leur ſçavoir & d'autres divers talens, fait le 10. ſujet des converſations, *Comparatio.* Ainſi on a fait des comparaiſons d'Ariſtote & de Platon, d'Alexandre & de Jule Ceſar, de Virgile & d'Homere, de Pindare & d'Horace, de Mr. le Prince & de Mr. de Turene & les Paralleles de pluſieurs Cardinaux.

L'onziéme eſt une eſpece de Portrait que l'on fait d'une perſonne pour en faire conoître les mœurs bonnes ou mauvaiſes, ſes inclinations & ſes manieres d'agir. C'eſt ce qu'Apthone nomme *Ethopeia*, portrait des mœurs.

Le douziéme eſt la Deſcription d'une maiſon, d'un Palais, d'un Jardin, d'un Païs, d'un Spectacle, d'une Peinture, *Deſcriptio*, entretien ordinaire de ceux qui ont voïagé.

Le treiziéme eſt une queſtion, ou propoſition generale, qui peut-être diver-

diversement interpretée, *Thesis*, differente du lieu commun qui roule sur des matieres universellement reçûës, au lieu que celles-ci sont contestées & ont diverses faces.

Enfin le dernier sujet est l'examen d'une Ordonnance d'une Loi nouvelle, d'un Edit, de quelque Arrêt celebre rendu en jugement ; ce qu'Aphtone a compris sous le terme de *Legislatio*. Il est certain que ce sont-là les sujets les plus ordinaires des entretiens dans les conversations libres. Aphtone qui vouloit donner des regles pour ces sujets d'entretiens, donna à son ouvrage le nom d'Essais, *Progymnasmata*. Ce qui a fait croire mal à propos que c'étoient des Essais pour les Colleges où l'on instruit la jeunesse. C'est aussi ce qui a fait defigurer cet Auteur, sur tout par celuy qui l'aïant voulu publier sous le titre de *Candidatus Rhetoricæ*, à fait voir qu'il ne l'avoit pas entendu, & qu'il ne l'avoit jamais lû en sa langue originale, puisqu'il n'a donné qu'un pot pourri plus propre à embroüiller les esprits des enfans qu'à les instruire & à leur former le jugement.

Le

Le même ſort eſt arrivé aux Topiques de Ciceron que l'on fait lire aux jeunes Ecoliers, comme l'idée des lieux de Rhetorique, au lieu que ce ſont les Lieux dialectiques pour raiſonner & prouver philoſophiquement & non pas pour perſuader ſelon les addreſſes de l'éloquence, qui ſont deux choſes bien differentes, ainſi qu'Ariſtote l'a fait voir en ſa Rhetorique, où il ne fait nulle mention de ces Topiques, mais touche en maître les lieux propres de chaque genre de diſcours pour la perſuaſion. Il veut que ce que l'on louë ſoit grand, excellent, ſingulier &c. Que ce que l'on conſeille de faire, ſoit honnête, utile, agréable & avantageux &c. Que ce que l'on veut juſtifier ſoit conforme aux loix, à la raiſon, au bon ſens, à l'équité, aux uſages, & aux coûtumes reçûës & approuvées. Comme pour blamer ou pour accuſer, il faut prendre les chefs oppoſez.

Comme il y a dans tous les Etres créez & principalement dans les choſes morales trois degrez de diſtinction, qui établiſſent comme trois

Etats

Etats en chaque espece. Le premier & le plus excellent de ces Etats, est celui que l'on nomme de *Perfection*, auquel on n'arrive gueres, que par l'avantage d'un esprit éminent; d'un genie heureux, d'un long travail & d'une application assiduë & serieuse.

Le second est l'Etat d'une honnête mediocrité, où si l'on n'acquiert pas une si grande reputation, on ne laisse pas de se faire un merite raisonnable.

Enfin il y en a un troisiéme qui étant bas & rampant, ne fait jamais beaucoup d'honneur à ceux qui demeurent dans cet Etat, & qui parmi les gens de Lettres qui ont du goût & du discernement, ne passent jamais que pour des avanturiers hardis, qui s'exposent aux railleries, au mépris, & à la censure du public, quand ils veulent se tirer de l'obscurité où devroit les retenir la bassesse de leur genie.

Aristote qui fut si éclairé & d'un genie superieur en toutes les Sciences & les beaux Arts, a marqué la distinction de ces trois ordres en toutes les professions. Il a donné le nom d'Excellens, de Meilleurs & de Sublimes à ceux qui ſe trouvent dans le premier ordre ; de Mediocres, d'Honnêtes & de Raiſonnables, à ceux du ſecond ; de Pires, de Bas & de Rampans à ceux du dernier, ce ſont ces trois differences qu'il a marquées dans les choſes naturelles, dans les Sciences, dans les Arts & dans les Mœurs.

On a auſſi diſtingué dans la Litterature trois ordres de perſonnes ; des Sçavans de profeſſion & reconnus univerſellement pour tels ; d'Honnêtes gens qui ſont dans la raiſonnable mediocrité d'Ariſtote, & qui ont du goût & de l'amour pour les beaux Arts ſans en faire profeſſion. Enfin il y a des Pedans, qui ſont des Docteurs avanturiers, ridicules, extravagans, qu'on repreſente ſi ſouvent dans les Satyres & dans les Comedies, pour rejoüir le public par les peintures plaiſantes que l'on en fait.

Sur cette diſtinction, l'on declare que cette Bibliotheque ne regarde ni les premiers ni les derniers, puis que l'on ne prétend ni indiquer les nouvelles Litteraires de divers païs, ni ni les livres nouveaux qui paroîtront, ni en faire des Extraits, ni des Critiques. On n'entrera point dans les matieres profondes de Theologie, de Philosophie, de Jurisprudence, de Mathematique, & de Medecine, on se borne à l'Histoire, à l'Eloquence, à la Poëtique, à la Peinture, à l'Architecture, au Blason, aux Medailles, aux Devises, aux Inscriptions, aux Monnoyes curieuses, aux Antiquitez nouvellement découvertes, aux Spectacles; enfin on veut seulement fournir de petits secours à ceux qui aiment les lettres & qui veulent parler raisonnablement sur diverses matieres: rapporter quelques Questions curieuses pour des entretiens de conversation: de petites poësies, quelques rencontres ingenieuses, & quelques traits d'esprit Italiens, François, Espagnols, &c.

Pourquoy on donne le nom de Bibliotheque à ces Memoires.

Il y a long-tems qu'il paroît des Ouvrages sous les titres specieux de

Bibliotheques. Le premier & le plus ancien, dont on ait connoissance, est celui des Histoires de Diodore de Sicile, qui ayant fait une compilation de tous les Historiens qui avoient écrit avant lui les évenemens d'onze cens & trente huit années, considera son Ouvrage comme une Bibliotheque composée des Histoires de tous ces Ecrivains.

Photius Archevêque de Constantinople composa depuis un ample traité des Auteurs dont il avoit lû les Ouvrages durant son Ambassade en Assyrie. Ce fut pour satisfaire la curiosité de son frere, qu'il entreprit cet ouvrage, parce qu'ayant lû auparavant entre eux plusieurs livres, ce frere desira d'apprendre de lui ceux qu'il avoit lûs depuis leur séparation. Il lui en envoya les Extraits sous le titre de *Myriobibles*, qui veut dire mille livres, terme dont on se sert assez souvent pour exprimer une multitude indefinie de choses : ainsi on dit souvent que l'on a mille affaires sur les bras, pour dire plusieurs affaires. Quand on traduisit depuis cet Ouvrage en Langue latine,

latine, on lui donna le nom de Bibliotheque qui lui eſt demeuré. Ceux qui ont affecté depuis de donner le nom de Bibliotheque à leurs Ouvrages, y ont joint un autre terme pour en ſpecifier les caracteres differens. Ainſi Conrard Geſner publia à Zurich en Suiſſe l'an 1545. une *Bibliotheque Univerſelle* qui n'étoit que *des Catalogues d'Auteurs* qui ont écrit en diverſes langues & ſur diverſes matieres, ſur tout en Hebreu, en Grec & en Latin. *Bibliotheca Univerſalis, ſive Catalogus omnium Scriptorum locupletiſſimus, in tribus linguis, Latina, Græca, Hebraïca, extantium & non extantium, veterum & recentiorum, in hunc uſque diem publicatorum in Bibliothecis latentium. Autore Conrado Geſnero.*

Pour rendre cette Bibliotheque utile on y joignit des tables & des partitions methodiques, pour la diverſité des matieres, comme une eſpece de ſommaire Philoſophique pour les Arts & les Sciences ſous ce titre. *Pandectarum ſive partitionum univerſalium Conradi Geſneri Lib. XXI. ſecundus huic noſtræ Bibliothecæ Tomus eſt totius Philosophiæ & omnium bonarum Artium atque studiorum locos communes & universales, simul & particulares complectens.* Ce volume fut imprimé en 1548.

Un an aprés on en fit un troisiéme volume avec un Indice Alphabetique, commun aux Auteurs & aux matieres des deux autres volumes, & à celles de ce dernier qui étoient Theologiques, mais selon les erreurs des Protestans avec ce titre.

Partitiones Theologicæ Pandectarum Universalium Conradi Gesneri lib. ult. Pandectis nostris sive secundo Bibliothecæ Tomo, cujus libri XXI. nuper editi sunt. Accessit Index Alphabeticus presenti libro & superioribus XXI. communis, qui tertii Tomi olim promissi vicem explebit, Tiguri. 1549.

C'est ce nom de Bibliotheque Universelle que l'on a retenu pour un Journal de Hollande, où les livres heterodoxes se trouvent en plus grand nombre que les autres.

Ce mélange de livres heretiques avec les livres catholiques, obligea le Pape Pie V. d'ordonner à Sixte de Sienne Religieux de l'Ordre des Freres

Freres Prêcheurs de composer une Bibliotheque opposée à celle de Zurich, pour en purger les erreurs. Ce Pape n'étant encore que Religieux de l'Ordre de S. Dominique & Inquisiteur, avoit converti Sixte, qui étoit un sçavant Rabin, & aprés l'avoir baptisé & instruit de nôtre Religion, il le reçût dans son Ordre, & lui donna lui même l'habit. Etant enfin Pape, il lui fit entreprendre cet Ouvrage, qu'il intitula Bibliotheque sainte, *Bibliotheca sancta*, parce qu'elle étoit principalement composée des Livres Sacrez, des Livres des Peres, des Interpretes des Ecritures saintes, des Theologiens & des autres Livres catholiques, avec des refutations des erreurs des Jüifs & des Heretiques

Le Pape Gregoire XIII. donna peu de temps aprés une commission toute pareille au Pere Antoine Possevin Jesuite, qui étant encore plus versé dans les lettres humaines que Sixte de Sienne & ayant été envoyé par sa Sainteté en divers Royaumes & en des païs reculez pour les affaires de la Religion, étoit mieux instruit des mœurs de ces peuples differens & des manieres de traiter avec les Infideles & les Heretiques, soit pour combattre leurs erreurs, soit pour les instruire des veritez de la Foi. Il entreprit pour cela deux Ouvrages differens, quoique tendans à la même fin ; Il donna à l'un le titre d'*Apparat Sacré* pour l'intelligence des Livres du Vieux & du Nouveau Testament, & de leurs Interpretes, des Conciles, des Peres Grecs & Latins, des Theologiens scholastiques qui ont refuté les Heretiques, des Theologiens moraux, des Casuistes, des Historiens Ecclesiastiques & des Poësies sacrées.

Il fit précéder cet Ouvrage d'un autre auquel il donna le titre de Bibliotheque choisie. *Antonii Possevini Mantuani Societatis Jesu, Bibliotheca selecta, de ratione studiorum, ad disciplinas, & ad salutem omnium gentium procurandam.*

Ainsi voilà cinq plans de Bibliotheques fort differens. Celle de Diodore n'étoit qu'une compilation des Auteurs qui l'avoient precedé. Celle de Photius ne contient que des Extraits

traits de tous les Auteurs qu'il avoit lûs, pour en faire connoître le genie, le style & les sujets qu'ils avoient traitez. Celle de Gesner n'étoit que de simples Catalogues des Auteurs de toutes professions, avec des partitions ou titres de lieux communs des matieres Philosophiques, & de la Theologie des Protestans. Celle de Sixte de Sienne étoit pour la connoissance & l'intelligence des livres sacrez & pour refuter les erreurs des Juifs.

Celle du Pere Possevin étoit pour former des caracteres de toutes les especes des Sciences & des beaux Arts, de la Philosophie, de la Jurisprudence, de la Medecine, des Mathematiques, de l'Histoire, de la Poësie & de la Peinture. Après avoir traité en general de la Culture des Esprits, de l'Institution des Academies, des Langues Grecque & Latine, de la lecture des Livres, de leurs éditions, de leurs censures &c. Il rapporte ce que les Auteurs ont écrit sur ces differentes matieres. Outre ces cinq idées de livres sous le titre de Bibliotheques. Il y en a d'autres qui ne ſont que des manieres de dreſſer des Bibliotheques, de les ranger & de les entretenir.

Il y en a d'autres qui ſont des Deſcriptions des Bibliotheques les plus celebres du Monde, de leurs fondations, de leurs ornemens, du nombre & de la qualité des volumes qu'elles contiennent & pluſieurs autres ſingularitez qui les rendent recommandables.

Quelques Auteurs ont écrit en general de la maniere de dreſſer des Bibliotheques, de les ranger & d'en prendre ſoin. Mr. Naudé qui eut ſoin de la Bibliotheque du Cardinal Jules Mazarin, fit imprimer à Paris en 1644. un avis pour dreſſer une Bibliotheque, & en même temps le P. Loüis Jacob de l'Ordre des Carmes, fit paroître un *Traité des plus belles Bibliotheques publiques & particulieres, qui ont été & ſont à preſent dans le monde, composé par le* R. P. Loüis *Jacob, qui eſt la ſeconde partie ou ſuite de l'avis du Sr.* Naudé.

Mais il n'en eſt aucun qui ait plus exactement traité cette matiere que le Pere Claude Clement Jeſuïte

Franc-

Franc-Comtois. Ce Pere né sujet des Rois d'Espagne aprés avoir enseigné plusieurs années avec applaudissement les Lettres humaines & la Rhetorique au College de Lyon, fut appellé au College Imperial de Madrid fondé par Philippe Second. On lui donna en ce College la Chaire de professeur de l'Erudition, c'est-à-dire le soin d'enseigner les Antiquitez Grecques & Latines. Ce Pere pour former un plan nouveau & agreable de cette espece d'étude, jugea que rien n'y conviendroit mieux que l'idée d'une Biblotheque, qui est comme le magazin de toutes les eruditions & ce fut la Bibliotheque choisie du P. Possevin qui lui fit prendre cette idée. Cependant pour la traiter d'une maniere differente de celle de Possevin, il se proposa quatre parties, qui firent le sujet d'un pareil nombre de livres auxquels il partagea son ouvrage. La premiere de la construction des Biblotheques, à l'égard des bâtimens qui leur sont necessaires, les plus propres & les plus commodes. La seconde de l'ordonnance &

de l'arrangement des livres ſelon leurs differentes facultez. La troiſiéme regarde les ſoins que l'on doit prendre des Bibliotheques. La quatriéme leurs uſages, & leur utilité. C'eſt ce qu'il comprit ſous ce titre. *Muſæum ſeu Bibliothecæ, tùm privatæ, tùm publicæ, extructio, inſtructio, cura, uſus. Lib. IV.*

Il y ajoûta un cinquiéme livre qui n'eſt que la Deſcription de la Bibliotheque de l'Eſcurial, l'Hiſtoire de ſa fondation, ſes appartemens & ſes ornemens.

On avoit auparavant des relations, des deſcriptions & des plans de quelques Bibliotheques, & il s'en eſt fait depuis pluſieurs autres.

La plus celebre qui ſoit au monde eſt ſans difficulté la Vaticane, pour être la depoſitaire des titres les plus auguſtes de l'Egliſe, & l'ouvrage de pluſieurs Papes, qui ont pris ſoin de l'enrichir & de l'embellir.

Mutio Panſa de Cività di Penna del Academie des Aggirati ſous le nom d'Academicien conſtant, publia en 1590. une ample Deſcription des ornemens

nemens de cette Bibliotheque sous ce titre.

Della Libraria Vaticana Ragionamenti di Mutio Pansa, divisi in quattro parti, ne quali non solamente si discorre dell'origine, e rinovatione di essa; ma anco con l'occasione delle pitture, che vi sono nuovamente fatte si raggiona.

1. *Di Tutte l'Opere di N. S. Papa Sisto V.*
2. *Dell'historie de Concilii generali fino al Tridentino.*
3. *Delle Librarie famose, e celebri del mondo.*
4. *Di tutti Huomini Illustri per l'inventione delle lettere.*

Con l'Aggiunta de gli Alfabetti delle lingue straniere, e con alcuni discorsi in fine de libri, e della stampa Vaticana, e di molte altre Librarie si publiche come private, in Roma.

Ce titre montre une grande varieté de choses curieuses contenuës en ce traité divisé en quatre parties.

La premiere aprés quelques chapitres de l'usage des livres en general & de l'invention des lettres, raporte les premiers fondateurs de cette Bibliotheque, & de ceux qui l'avoient enrichie & augmentée jusqu'à Sixte IV. sous qui elle fut achevée, & décrivant ses peintures il represente tout ce qui fut fait de plus memorable pour les Ouvrages publics de Rome sous ce Pontificat.

La seconde partie explique les peintures des Conciles Generaux representés en divers Camaïeux avec des Inscriptions, qui en indiquent l'histoire, & ce qui s'y étoit traité pour les affaires de l'Eglise & de la Religion.

La troisiéme partie est le recit des plus celebres Bibliotheques du Monde que Sixte V. y avoit fait peindre.

1. La Librairie des Hebreux.
2. La Librairie des Chaldéens en Babylone.
3. Des Grecs à Athenes.
4. Des Egyptiens dans Alexandrie.
5. Diverses Bibliotheques des Romains sous les Rois, les Consuls & les Empereurs.
6. La Bibliotheque de Jerusalem.

7. Celle

7. Celle de Cesarée.
8. L'Apostolique.
9. La Pontificale.

Enfin la quatriéme partie contient les Eloges de tous les Hommes Illustres pour l'invention des lettres.

Un an aprés, Angelo Rocca fit une Description latine de cette même Bibliotheque sous ce titre.

Bibliotheca Vaticana à Fr. Angelo Rocca commentario illustrata, Romæ 1591.

A l'exemple de cette Bibliotheque il s'en est dressé plusieurs autres par des Princes, des Prelats, des Republiques, des villes, des Sçavans & des Communautez ; celle des Medicis à Florence; la Royale commencée par François I. celle de l'Escurial décrite par le P. Clement. La Bibliotheque de Vienne en Autriche décrite en plusieurs volumes par Lambeccius qui en rapporte les manuscrits & plusieurs autres curiositez sous le titre de *Bibliothecæ Cæsareæ Vindobonensis.* La Bibliotheque Palatine d'Heydelberg, que Maximilien Duc de Baviere ayant pris cette ville, envoïa à Urbain VIII. qui

qui la joignit à la Vaticane, aussi-bien que celle des Ducs d'Urbin fort curieuse. Celles d'Ausbourg, d'Oxford en Angleterre, l'Ambrosienne de Milan & la Barberine de Rome sont fort celebres. On a donné en deux gros volumes les Catalogues des livres de celle d'Oxford sous le titre de *Bibliotheca Bodleiana sive Oxoniensis*, avec les figures de ses bâtimens.

M. l'Archevesque de Reims, Messire Charles Maurice le Tellier nous a donné le Catalogue de sa Bibliotheque sous le titre de *Bibliotheca Telleriana.*

Ces simples Catalogues n'ont rien de different de ceux qui se publient aux foires de Franc-fort, ou des Catalogues des fameux magazins des Libraires, & des inventaires des Bibliotheques à vendre, sinon à l'égard des manuscrits qui s'y trouvent.

La Bibliotheque de S. Victor de Paris, celle de M. Colbert & l'ancienne de Mr. de Thou, sont celebres pour leurs Manuscrits, aussi-bien que la Roïale & celle de l'Escurial

curial, celle de Vienne, celle de Florence & la Palatine.

Les ſimples Catalogues des noms des Auteurs qui ont écrit ſur diverſes matieres, meritent plutôt le nom de Nomenclateurs que de Bibliotheques. C'eſt ainſi que R. Conſtantin nomma celui où il recueillit les ſimples noms des Auteurs de la Bibliotheque de Geſner, & les titres de ſes partitions ou Pandectes.

Nomenclator inſignium Scriptorum, quorum libri extant, vel manuſcripti, vel impreſſi ex Bibliothecis Galliæ & Angliæ, indexque totius Bibliothecæ atque Pandectarum Conradi Geſneri, Pariſiis R. Conſtantino Autore.

Le Pere Labbe en fit imprimer un tout pareil, des noms de pluſieurs Auteurs, principalement des Auteurs Eccleſiaſtiques ſelon l'ordre des temps. Comme le P. Jacques Gauthier en a donné les indications en deux colonnes de ſa Chronologie, l'une des Auteurs Eccleſiaſtiques & l'autre des Ecrivains en toutes autres matieres, par ordre des ſiecles auxquels il ont vêcu.

Pour la methode de l'arrange-ment

ment des livres ſelon les diverſes facultés il n'en eſt pas de plus exact que celui du P. Jean Garnier qui ayant enſeigné pluſieurs années la Theologie au College des Jeſuïtes de Paris, & étant chargé du ſoin de cette Bibliotheque des plus nombreuſes & des plus curieuſes en livres imprimez, en dreſſa un catalogue des plus juſtes pour les diviſions & ſubdiviſions de chaque faculté. Catalogue au quel peuvent avoir recours ceux qui voudront mettre en ordre de grandes & vaſtes Bibliotheques, où ces arrangemens ſont d'une grande utilité pour ceux qui veulent connoître les Auteurs de diverſes facultez, & les matieres generales ou ſingulieres auſquelles ces Auteurs ſe ſont attachez.

Comme ces vaſtes projets ſont plûtôt pour faire admirer la magnificence de ceux qui ont fait de prodigieux amas de livres de toutes eſpeces, & pour ſatisfaire l'avide curioſité des Sçavans, qui veulent tout apprendre & tout ſçavoir, que pour l'utilité des honnêtes gens, qui n'ont qu'un deſir moderé de s'inſtruire des

des choses qui sont plus ordinaires dans le commerce du monde. On a publié des Bibliotheques moins étenduës, & plus particulieres de certains Auteurs, & de certaines matieres. Ainsi il y a des Bibliotheques particulieres des Auteurs de certaines Nations, de certaines Provinces & de certaines Communautez.

D'autres à l'égard de certaines professions, de Theologiens, d'Historiens Ecclesiastiques, de Jurisconsultes, de Canonistes, de Medecins, d'Orateurs, de Poëtes, de Voyageurs, de Grammairiens.

D'autres de tous les Auteurs qui ont écrit sur certaines matieres singulieres, comme *Autores rei Nummariæ finium Regundorum : Epistolares ; rei antiquariæ &c.*

Plusieurs de ces Ouvrages portent le titre de Bibliotheques, comme celle-cy des Auteurs des Païs-Bas.

Andreæ Valerii Biblotheca Belgica, ac de Belgis vitâ scriptisque claris, præmissa topographica Belgii totius, seu Germaniæ inferioris descriptione, Lovanii 1643.

Bibliotheque des Auteurs qui ont écrit l'histoire & Topographie de France

France en deux parties ſelon l'ordre des temps & des matieres par André Du Cheſne à Paris 1627.

La Bibliotheque d'Antoine Du Verdier contenant le Catalogue de tous ceux qui ont écrit ou traduit en François, ou autres dialectes de de ce Royaume, de la matiere y traitée, le lieu, la forme & datte de qui elles ont été miſes en lumieres, avec un ſupplement de l'Epitome de Geſner, à Lyon 1583.

La Bibliotheque du ſieur de la Croix Du-Maine qui eſt un Catalogue general de toute ſorte d'Auteurs qui ont écrit en François depuis cinq-cens ans & plus, avec un diſcours des vies des plus illuſtres, à Paris 1584.

Bibliotheca Eccleſiaſtica, ſeu Hieronymus, Gennadius, Ildefonſus, Sigebertus, Iſidorus, Honorius, Henricus Gandavenſis cum Auberti Miræi Auctariis & Scholiis, Antuerpiæ 1639.

Ludovici Jacobilli Bibliotheca Umbriæ, ſive de Scriptoribus Umbriæ Alphabetico ordine digeſta, una cum diſcurſu præfatæ Provinciæ. Fuligini. 1638.

Bibliotheca Angelica Litteratorum, Litte-

Litterarumque Amatorum commoditati dicata, *Romæ*. 1608.

Joannis Petri Lorichii Bibliotheca Poëtica in quatuor partes divisa, in quibus non tantùm Thraciæ, Græciæ, Italiæ, Hispaniæ, Germaniæ & Belgii, ac diversarum Nationum videlicet Galliæ, Angliæ, Ungariæ, Daniæ, Poloniæ, Bohemiæ, Poëtæ celebriores singuli recensentur, unà additis eorumdem vitis, natalibus & mortualibus. Franco-furti 1628. C'est la derniere édition & la plus ample, la premiere étoit de 1625. la 2. de 1626.

Bibliotheca Cartusiana; sive illustrium sacri Cartusiensis ordinis Scriptorum Catalogus, autore Theodoro Petreio: accesserunt origines omnium per orbem Cartusiarum quas erutas publicavit Aubertus Miræus, Coloniæ 1608.

Bibliotheca nova Tigurinorum publico-privata selectiorum variarum linguarum, artium, scientiarum & librorum ex liberalitate utriusque ordinis, in usum Reipublicæ Litterariæ collecta.

Hispaniæ Bibliotheca, seu de Academiis & Bibliothecis, item Elogia & nomenclator clarorum Hispaniæ Scriptorum, Franco-furti. 1608.

Cata-

Catalogus clarorum Hispaniæ Scriptorum, qui Latinè disciplinas omnes humanitatis, Jurisprudentiæ, Philosophiæ, Medicinæ, Theologiæ illùstrando etiam Trans-Pyrenæos evulgati sunt, nunc primùm ex omnibus Nundinarum Catalogis, ac Bibliothecis collectus, opera Valerii Andreæ, Moguntiæ. 1607.

Antonii Sanderi Bibliotheca Flandriæ seu de Scriptoribus ejusdem Provinciæ : accedit Gandavum seu de antiquitatibus ejusdem Urbis, de gandavensibus eruditionis fama claris, ac hagiolagicis Flandriæ, sive de Sanctis ejus Provinciæ. Antuerpiæ 1626.

Bibliotheca classica sive Catalogus officinalis, in quo singularum facultatum ac professionum libri, in quavis fere linguâ extant, additis ubivis, loco, tempore ac forma impressionis & juxta seriem dispositis usque ad annum 1624. *omnia colligente & disponente* Georgio Daudio, *Francofurti* 1625. 2. vol. in 4°.

Antonii Sanderi dissertatio parænetica pro Instituto Bibliothecæ *publicæ Gandavensis, Bruxellis* 1635.

Pour diverses Professions ou Matieres.

Bibliotheca Medici eruditi. *Petro à Castro Bayonate Autore, Patavii* 1654.

Bibliotheca Interpretum ad universam summam Theologiæ D. *Thomæ Aquinatis Eccles. Doctoris, hoc est solers examen universorum quæ à scriptoribus quibuscumque tùm antiquis tùm recentibus ad Scholasticam* Theologiam *hactenus evulgata sunt. Autore* P. *Xantes Mariales, Venetiis* 1660. in fol 2. vol.

Bibliotheca Botanica, seu Herbistarum Scriptorum promota synodis; cui accessit individualis graminum omnium ab autoribus cujuscumque observatorum, numerosissima nomenclatura, Joanne Antonio Bunialdo Collectore, Bononiæ. 1637.

Paschalis Galli Bibliotheca Medica, *sive Catalogus illorum qui ex professo artem Medicam, in hunc usque annum scriptis illustrarunt, nempe, quid scripserunt, ubi, quâ formâ, quove tempore scripto excusa aut manuscripta habeantur, Basileæ* 1590.

Bibliotheca Bononiensis, *cui accessit antiquorum Pictorum & Sculptorum Bononiensium brevis Catalogus. Joanne ne Antonio Bunialdo Collectore*, *Bononiæ*.

Philippi Labbe Bibliotheca Chronologica *ſanctorum Patrum*, *Theologorum*, *Scriptorumque Eccleſiaſticorum utriuſque Teſtamenti*, *cum pinacotheca Scriptorum ſoc. Jeſu*, *Pariſiis* 1659.

Philippi Labbe Bibliotheca *Anti-Janſeniana*, *ſive Catalogus piorum eruditorumque Scriptorum qui Cornelii Janſenii Epiſcopi Yprenſis & Janſenianorum Hæreſes & errores oppugnarunt*, *Pariſiis*. 1654.

Il s'eſt fait pluſieurs collections des Peres Grecs & Latins ſous le titre de Bibliotheque des Peres.

Il eſt peu d'Ordres Religieux qui n'ayent fait des Catalogues & des recueils de leurs Ecrivains ſous les titres de Bibliotheques, comme l'Ordre de St. Benoiſt, les Bernardins, l'Ordre de Premontré, les Carmes, les Freres Prêcheurs, les Auguſtins, les Jeſuites &c.

On a donné le nom de Bibliotheque à des amas de titres anciens, de Chartres, de Privileges & d'autres Actes manuſcrits. Martin Marrier qui recueillit les titres de l'Abbaye de Cluny, auxquels André Du Cheſ-

ne

ne joignit des Notes, intitula ce recueil *Bibliotheca Cluniacensis.*

Jean Du-Bois Celestin fit aussi imprimer des titres de l'Abbaye de Fleuri sur Loire & quelques vies des saints Abbez sous le titre de Bibliotheque de Fleuri, *Bibliotheca Floriacensis.*

Le P. Labbe donna le même titre à deux volumes de manuscrits, *Bibliotheca nova M M. S S. Librorum seu specimen antiquarum lectionum Latinarum & Græcarum.*

Samuel Guichenon Historiographe de Bresse & de Savoye publia l'an 1660. deux Centuries de titres anciens tirez de divers Cartulaires, principalement de l'Abbaye de Cluny, sous le titre de Bibliotheque Sebusienne, qui est l'ancien nom des Bressans, païs où il étoit né, & où il demeuroit actuellement quand il composa cette Bibliotheque.

Bibliotheca Sebusiana, *sive variarum Chartarum, Diplomatum, Fundationum, & immunitatum à summis Pontificibus, Imperatoribus, Regibus, Ducibus, Marchionibus, Comitibus & proceribus, Ecclesiis, Monasteriis, & aliis locis*

locis aut personis concessarum, nusquam anteà editarum, Miscellæ Centuriæ duæ.

Le sieur C. Sorel qui prenoit la qualité de premier Historiographe de France, publia sur le milieu du siecle passé une Bibliotheque Françoise, où se trouvoit l'examen & le choix des meilleurs & principaux livres François qui traitent de la pureté des mots & des discours de l'Eloquence, de la Philosophie, de la Devotion, & de la conduite des mœurs, des livres de Harangues, de Lettres, d'Oeuvres mêlées, d'Histoires, de Romans; de Poësies & de traductions & des livres qui ont servi au progrés de nôtre langue.

Blondeau a aussi publié une Bibliotheque Canonique en deux volumes in folio.

Il y a une Bibliotheque Ecclesiastique de Mr. l'Abbé Dupin in 8°. douze volumes.

Une Bibliotheque Evangelique qui ne contient que des Sermons pour l'Avent & le Carême.

On a aussi une Bibliotheque Universelle composée par le Sr. Boyer, qui n'est qu'un Dictionnaire fort gros

gros, qui contient plusieurs noms propres d'Hommes, de Païs, de Villes, d'Animaux, de Plantes & d'autres choses expliquées assez au-long en quelques endroits. Ce Livre semble être en même temps un Dictionnaire de rimes, puisqu'au lieu de l'arranger selon les premieres lettres de chaque mot par l'ordre Alphabetique, il les a rangez selon les terminaisons, & ce Dictionnaire est d'autant plus étendu, que les verbes s'y trouvent dans tous leurs temps & leurs propres personnes & qu'on y trouve tous les mots François qu'on peut former, comme les composez, les derivez & les diminutifs, enfin les discours faits sur les noms, grossissent beaucoup ce livre.

Voilà donc des Bibliotheques Universelles, nouvelles, choisies, particulieres, des Professions, des Provinces, des Nations, des Communautez, des Princes, des Villes, qui sont des Bibliotheques pour les Sçavans. Celle-ci qui est destinée à instruire les personnes qui se contentent d'une teinture mediocre des lettres, pour satisfaire leur curiosité & pour en pouvoir parler raiſonnablement, ſera diſtinguée d'une maniere nouvelle pour la pure inſtruction.

1. En Livres d'Uſage & de Service.

2. En Livres de Secours.

3. En Livres d'Inſtruction paſſagere & Livres de premiere Inſtruction.

4. Traduction des Auteurs anciens & autres bons livres qui ayant été écrits en des langues qui ne ſont pas entenduës où aſſez familieres à ceux qui n'ont pas fait de longues Etudes, leur peuvent donner la ſatisfaction & le moyen de connoître ces Auteurs & de lire leurs Ouvrages.

5. Livres d'Interpretation, ou de Commentaires pour éclaircir divers paſſages des livres ſçavans & difficiles à être entendus des perſonnes mediocrement inſtruites.

6. Livres de Critique, de Jugement, & de Cenſure ſur quelques Auteurs & ſur quelques queſtions en fait d'Hiſtoire, d'Eloquence, de Poëſie, d'Erudition, de beaux Arts. Car il n'eſt pas à propos qu'un homme qui n'a pas approfondi les ſçiences, liſe les Controverſes & Diſputes

putes en fait de Theologie & de Religion.

7. Livres curieux.
8. Livres rares.
9. Livres singuliers.
10. Livres d'amusement.
11. Livres originaux.
12. Livres de figures.
13. Livres suspects.
14. Livres principaux des beaux Arts.

1. Du Blason.
2. Des Medailles.
3. Des Emblêmes.
4. Des Inscriptions.
5. Des Devises.
6. Des Enigmes.
7. De la Poëtique.
8. De l'Art Oratoire.
9. De l'Histoire.
10. Des Spectacles.
11. Des Jeux honnêtes & licites.
12. Des Mœurs & usages des Peuples.
13. Des Interests des Princes.
14. Des diverses Especes de Commerces.
15. Des Monnoyes de divers Peuples.

16. De la Peinture.
17. De l'Architecture.
18. De divers Arts mechaniques.
19. De l'Agriculture.
20. De Plantes.
21. De la Culture des fleurs.
22. Nouvelles Decouvertes d'Antiquitez, de Machines, de Remedes, de Peuples, de Païs.
23. Factums sur les affaires celebres, Manifestes, Apologies.
24. Diverses Pieces volantes & fugitives.
25. Petites pieces de Vers & Poësies.
26. Relations sur des Affaires singulieres.
27. Projets, Plans, Desseins, appareils de divers Ouvrages que l'on propose au public.
28. Questions curieuses sur de nouveaux Phenomenes, sur divers Usages, & autres curiositez.
29. Discours Academiques, Conferences, Entretiens, Dialogues.
30. Avis donnez au Public pour plusieurs choses utiles.

15. Journaux, Memoires reglez par

par jours, par semaines, par mois ou par années sur divers sujets de Litterature.

Journaux des Sçavans.

Journaux du Palais.

Journaux de Medecine.

Memoires de Mathematiques.

Essais de Litterature.

Gazettes Litteraires.

Memoires des Sciences & des beaux Arts.

C'est la Bibliotheque de Photius & la Bibliographie du P. Jacob, qui semblent avoir servi de modeles aux Journaux des Sçavans que Mr. de Salo introduisit en France il y a une cinquantaine d'années. On ne se contenta pas d'instruire simplement le public des Livres qui s'imprimoient nouvellement, non seulement en France & sur tout à Paris, comme avoit fait le P. Jacob; mais on voulut faire connoître ceux qui paroissoient de nouveau en quelque endroit du Monde que ce fut, autant qu'on pouvoit en avoir connoissance; & l'on en fit des Extraits à la maniere de Photius, pour indiquer les matieres traitées en ces livres avec une eſpéce de critique, & des éloges ſuccints des Auteurs les plus diſtinguez, & qui paroiſſoient meriter que le public fut inſtruit de leur païs, de leur condition, de leurs talens, de leur profeſſion particuliere, des ouvrages qu'ils avoient compoſez, & de la reputation qu'ils s'étoient acquis parmi les gens de lettres. Les autres Nations ſe piquerent de ſuivre cet exemple, que les François leur donnoient en fait de Litterature, & l'on vit naître bien-tôt divers Journaux, ou Memoires en Hollande, en Allemagne, en Angleterre, en Italie. Ce qui parut d'une grande utilité pour le commerce des Lettres.

La fin que l'on ſe propoſe en cette Bibliotheque Inſtructive & Curieuſe, eſt toute differente de ces divers deſſeins de Bibliotheques univerſelles, choiſies, nouvelles, manuſcrites, de Nations, de Provinces, de diverſes Profeſſions, de Communautez, &c. On conſidere les Livres ſous d'autres rapports, & comme on regarde ſingulierement de ſatisfaire la curioſité des perſonnes qui aïment les

les Lettres sans faire profession d'aucune étude fonciere des Sciences de profession ; on considere les livres selon l'usage qu'en peuvent faire les honnêtes gens, pour le commerce du monde : selon les secours qu'ils en peuvent tirer, & pour connoître certains Auteurs de reputation, & les occasions qu'ils ont eu d'écrire les demêlez-qu'ils on eu entre-eux, les Jugemens qu'on a fait de leurs ouvrages ; qu'elle a été la fortune de ces Auteurs & de leurs Ecrits, enfin tout ce qui est pluspropre à satisfaire la curiosité qu'à instuire, ou àformer l'esprit sur aucune profession d'Etude, ou de Sciences, dont tant d'honnêtes gens se contentent de pouvoir parler raisonnablement quand les occasions s'en presentent, sans vouloir s'ériger en Docteurs d'aucune de ces Sciences. Ainsi l'on se contentera d'indiquer ce qu'un honnête-homme doit sçavoir de Theologie, de Philosophie, de Mathematiques, de Jurisprudence, de Medecine, de Peinture, d'Architecture, d'Eloquence, pour juger sainement d'un discours; de Poëtique, pour dire son

 senti-

ſentiment des Ouvrages de Poëſie ; de Grammaire pour parler & écrire exactement ; des Livres dont il peut ſe faire un cabinet ſelon ſon goût, des connoiſſances qu'il doit avoir de l'Hiſtoire, des Antiquitez, du Blaſon, des Genealogies, des Prerogatives de la Nobleſſe, des Dignitez, des Ordres de Chevalerie, des Uſages de diverſes Nations, des Spectacles, des Jeux, des Decorations ingenieuſes, des Emblemes, des Deviſes, des Curioſités naturelles, des Metaux, des Plantes, des Monnoyes, des Medailles, des Inſcriptions, des Habits, des Modes differentes, des Etoffes, de la Mariné, du Commerce, de la Geographie, des Eſtampes, Pierres gravées, Bas-reliefs & enfin de tout ce qui peut entrer dans les entretiens des Honnêtes Gens, ſans avoir égard aux Diſputes, Conteſtations, Chicanneries des gens de Lettres, qui ſont plus propres des diſputes des Ecoles, que des converſations honnêtes, libres, agreables & curieuſes, que l'on ſe propoſe uniquement dans ce deſſein.

Pour commencer à donner l'intelligence

telligence des titres sous lesquels on a proposé diverses especes de Livres qui doivent composer cette Bibliotheque instructive.

1. On appelle *livres d'usage* ceux qui ne demandent point une étude reglée, mais qui cependant sont ordinairement entre les mains des honnêtes gens.

Les Libraires donnent ce nom aux Livres de prieres que les Fidelles ont ordinairement entre les mains pour remplir les devoirs de Pieté & de Religion, comme sont les Heures, ou Livres de Prieres, les Breviaires, Diurnaux, Directoires de l'office divin, Rituels & autres semblables livres à l'usage des Ecclesiastiques & personnes religieuses.

Les Alphabets & les Catechismes sont Livres d'usage pour l'instruction des enfans.

Les Dictionnaires ou Vocabulaires de diverses langues, sont des livres de pur usage, pour y chercher les termes que l'on n'entend pas, ou pour les traduire en d'autres langues.

Les Concordances de la Bible sont Livres d'usage pour les Predicateurs.

Les *livres de Secours* sont ceux auxquels on peut avoir recours pour s'instruire de certaines choses sur lesquelles on desire d'être éclerci, ou dont on peut avoir besoin pour revoir certaines choses, qui échapent de la memoire, où dans lesquels on peut trouver des matieres pour composer des discours.

Le Dictionnaire Historique de Moreri & tous les autres Livres, où plusieurs faits Historiques se trouvent recueillis par ordre Alphabetique, sont des Livres de secours pour la memoire, où l'on trouve d'abord ce que l'on desire sçavoir touchant les Histoires particulieres de certaines Personnes Illustres. Le *Theatrum vitæ humanæ*, est un livre où plusieurs faits Historiques étant rangez, sous divers titres de matieres, on trouve d'abord plusieurs exemples entassez sur divers sujets de Morale, & de Politique.

Les Dictionnaires Geographiques, Etymologiques, de mots Barbares, sont des livres de secours pour l'intelligence des lieux dont on ignore les positions sur la carte te, les Origines & les Significations.

Les Commentaires sont de secours pour l'intelligence des Auteurs que les Commentateurs ont expliquez, interpretez, corrigez, ou critiquez &c.

Les livres Chronologiques sont de secours pour la notice des temps.

Il y a aussi des livres de Lieux Communs, & de Collections pour les Discours, Harangues, Sermons, Plaidoïers, Catechismes &c. Les tables ou indices des matieres de la plus-part des livres sont aussi de secours, sur tout pour les personnes qui n'ont ni le temps ni le loisir de lire tout d'une suite de gros Livres, dont cependant ils peuvent avoir quelquefois besoin pour s'instruire de certaines matieres.

Les *Livres de profession* sont les livres qui traitent à fond des Sciences & des Arts que l'on veut apprendre. Ainsi les livres de Theologie, de Philosophie, de Mathematique, de droit Canon & Civil, de Medecine, de Peinture, d'Architecture, de Rhetorique, de Poëtique, d'Erudition, sont Livres de Profession, pour ceux qui ſont obligez d'enſeigner ces Sciences & ces Arts, ou qui veulent les approfondir. Ainſi l'on voit ordinairement que les Docteurs Eccleſiaſtiques ſe font des Cabinets, ou des Bibliotheques de Livres Sacrez, des Interpretes de ces livres ſacrez, des Peres Grecs & Latins, des Conciles, des Theologiens de diverſes Ecoles, Thomiſtes, Scotiſtes &c. des Controverſes, de Theologie Morale, de la Diſcipline de l'Egliſe, de l'Hiſtoire Eccleſiaſtique. Les Philoſophes de Livres de Logique, de Phyſique, de Metaphyſique, d'Experiences, d'Obſervations, de Diſputes, de divers Syſtêmes &c.

Les *livres de premiere inſtruction* ſont les Rudimens, Elemens, Methodes, Principes, Introductions à diverſes ſortes de connoiſſances d'Arts, de Lectures &c. Ainſi on donne aux enfans des Alphabets pour apprendre à lire, des Exemplaires pour apprendre à écrire, des Rudimens qui leur apprennent les genres & les declinaiſons des noms, les conjugaiſons des verbes, leurs regimes, les Concordances & conſtructions des mots, pour

pour traduire une langue en une autre & pour composer. Il y a des Methodes pour les liaisons du discours, des Introductions à la connoissance des Medailles, des Elemens de Logique, de Physique, de Geometrie, des Methodes de Blason, des Introductions à la versification, à l'intelligence des Langues Latine, Grecque, Hebraïque, &c.

Les *livres d'instruction passagere*, sont les Gazettes qui rapportent les évenemens des affaires presentes de divers Païs, de Guerre, de Politique, de Ceremonies, de Traitez, de Negotiations, de Projets &c.

Les Almanachs, les Calandriers sont des livres qui instruisent pour une année de l'Ordre des temps, des Saisons, du Cours des Astres, de leurs Variations.

Les Etats que l'on dresse des Maisons des Princes, des Officiers de la Cour, des Guerres, des Finances, des Tribunaux de Justice, sont des Livres passagers qui changent presque toutes les années.

Les Calandriers Ecclesiastiques pour l'ordre des Fêtes, des jours de de jeûne, des Ceremonies.

Les Avis des Bureaux d'addresse, les Factums sur diverses affaires litigieuses, les Inventaires de livres, d'Estampes, de Tableaux, de Meubles, de Medailles & autres pareilles choses à vendre. Les Tarifs des Monnoïes.

Les Livres Curieux sont tous les livres d'histoire, mais particulierement ceux de certaines Histoires plus recherchées. Les Livres de Voïages, de Secrets, de Questions particulieres, de Faits & d'Histoires Anecdotes.

Les Livres rares, sont ceux des Païs étrangers & fort reculez de nous, avec lesquels on a peu de commerce, & que l'on ne peut avoir que difficilement: ceux qui n'ont éte imprimez qu'en un tres petit nombre, dont il est difficile de pouvoir trouver quelque exemplaire ; les Livres qui n'ont été imprimez qu'une fois, & depuis si long-temps que l'on a peine d'en pouvoir recouvrer, que par les debris des Bibliotheques qui se vendent. Les Livres qui ont été supprimez par raison d'Etat, ou censurez

ſurez ou defendus, condamnez au feu, des Livres qui n'ayant pas de cours en leur temps, ont été mis en maculatures ou vendus aux Beurrieres & Marchands en détail, pour faire des enveloppes & qui étant devenus rares par ces moïens qui ſont peu d'honneur aux Auteurs, ſont cependant devenus depuis conſiderables par leur ſeule rareté.

Les Livres qui ont été corrigez, retranchez en partie ou reformez par de nouvelles éditions, font rechercher les premieres, pour les avoir entiers & en la forme qu'ils ont paru la premiere fois. Il y a auſſi des éditions faites en plus beaux caracteres, en meilleur papier, en plus grande ou plus petite forme, que l'on recherche avec plus de ſoin, comme les impreſſions des Eſtiennes, de Vaſcoſan, de Gryphius, des Manuces, de Plantin, les premiers Livres imprimez au commencement de l'Invention de l'imprimerie plutôt pour leur rareté que pour leur beauté.

Il y a des Livres qui ſont rares, curieux, precieux & recherchez à cauſe de leurs figures. On recherche

che avec ſoin les Bibles & les Metamorphoſes, où ſont les figures du petit Bernard, qui étoit un excellent graveur en Bois;les Peintres recherchent ces Livres à cauſe qu'il y a beaucoup de feu & d'entente en la diſpoſition des figures.La Vie, l'Hiſtoire & les Miracles de JESUS-CHRIST, & les Actes des Apôtres gravez par Natalis.Les Chaſſes & les Animaux du Tempeſte.&c.

L'Oeuvre complete de Marc-Antoine celebre graveur & tres recherchée,rare & precieuſe. Les Oeuvres gravées des excellens Peintres de Raphaël, des Caraches, du Guide du Titien &c.des Celebres Graveurs de Calot, de Melan, de Nantueil pour les portraits,de Bruin, de Villamene. La Galerie Juſtiniani, les Palais, les Fontaines, les Egliſes & les Antiquitez de Rome. Les Tableaux du Roy, les Tapiſſeries, l'*Hortus Eyßetenſis,Hortus Malabaricus*, les Heſperides, *Flora* & *Pomona* du P. Ferrari à cauſe des figures des Plantes,Fleurs & Fruits. Le Mathiole de Veniſe avec les figures au naturel des Plantes.

Pandectæ triumphales de François Moduis.

Les Triomphes de Loüis le Juste avec les figures de Valdor.

Cleri totius Ecclesiæ Romanæ subjecti, seu Pontificiorum ordinum omnium omninò utriusque sexus habitus, artificiosissimis figuris, quibus Francisci Modii singula octosticha adjecta sunt à Judoco Mumano expressus.

Roma subterranea d'Antonio Bozio.

Cruciatus Martyrum Antonii Gallonii, où l'on voit les divers genres de supplices qu'on leur fit souffrir, en de belles figures.

Les Songes de Poliphile, avec plusieurs figures de Trophées, de Fontaines, de Tombeaux, d'Epitaphes, & autres Décorations.

Les Oeuvres de Le Pautre pour des desseins de Portes, de Cheminées, d'Alcoves, de Tabernacles, de Chaires de Predicateur &c.

Les Depositi, Tombeaux & Mausolées de Venise & autres endroits d'Italie.

Les Palais de Gennes & autres lieux.

Les Atlas de Blaeu & de Janson.

Les

Les Portraits des Hommes Illuſtres en toute ſorte de Profeſſion, dont quelques-uns ont des ramas juſqu'à vingt mille, rangez ſelon diverſes conditions.

Les Ambaſſades du Japon & divers Voïages, & Colonies des Hollandois.

Les Cartes Marines, Navigations, Ports, Rades, Bâtimens de Mer. Peſches differentes de Perles, Corail, Baleines, & leurs inſtrumens. On pourroit compoſer un corps d'Hiſtoire Naturelle, Politique, Eccleſiaſtique & Civile par Eſtampes & en faire une Bibliotheque entiere compoſée de pluſieurs grands volumes tels que ſont ceux de la Bibliotheque Roïale, recueillis par l'Abbé de Villeloin. En voici une Idée.

Tome I. l'Abbregé de la Nature, & la Compoſition du monde ſelon les Poëtes & les Philoſophes Anciens.

Les Cieux ſelon les divers ſyſtemes, le Soleil & les autres Planetes, les Eclipſes, les Etoiles, & les Conſtellations.

Le

Le Temps, les Heures, les Mois, les Saisons, les Elemens, le Feu, les Cometes, l'Air, les Vens, les Oiseaux; l'Eau, les Fleuves, les Poissons, les Coquillages.

La terre selon l'Ancienne Geographie, les Fleurs, les Raretez de la nature, les Animaux.

Tome. 2. l'Histoire de la création du monde. Les Anges & les Demons, leur diverses Figures, Apparitions &c.

La Formation de l'Homme, & tout ce qui le regarde en son état naturel, les Diverses figures Anatomiques, les Monstres.

Tome 3. l'Histoire fabuleuse des Dieux des Anciens, Saturne, Cybelle, Jupiter, Junon, Neptune, Galathée, les Dieux Maritimes, les Dieux Infernaux, leurs Statues, Medailles, Temples, Sacrifices &c.

Tome 4. Suite de l'Histoire fabuleuse, Mars, Vulcain, Venus, Cupidon, Psyché, Minerve, les Muses, Apollon, Bacchus, Hercule, Castor & Pollux & toutes les autres Déitez.

Tome 5. Les Metamorphoses, les Argonau-

Argonautes, les Guerres des Dieux & des Géants, & autres Fables.

Tome 6. Ce qui s'eſt paſſé dans le monde depuis ſon origine ſelon les livres de Moïſe, la Geneſe, l'Exode, les Nombres, le Levitique & le Deuteronome.

Tome 7. Suite de l'Hiſtoire Sacrée, Joſuë, Tobie, les Juges, Ruth, les Roys, les Chroniques ou Paralipomenes.

Tome 8. Les Prophetes, leurs Viſions, leurs Paraboles, l'Hiſtoire d'Elie, d'Iſaïe, de Jeremie, de Jonas &c.

Tome 9. La ſuite de l'Hiſtoire Judaïque juſqu'a la fin des Machabées.

Tome 10. L'Hiſtoire prophane des temps heroïques, la Guerre de Troye, l'Hiſtoire d'Achille, d'Agamemnon, d'Hector, de Paris, d'Heleine, les Voyages d'Uliſſe & les derniers Actes des temps Héroïques.

Tome 11. Hiſtoire Egyptienne & Grecque, Medailles, Portraits, Statues des Illuſtres Egyptiens & des Illuſtres Grecs, Dieux des Egyptiens, Pyramides, leurs Tombeaux, Mu-

Mumies, Mysteres, Symboles, Hieroglyphiques.

Tome 12. Premiere & seconde Monarchie des Assyriens & des Perses, Histoire Asiatique, Africaine &c.

Tome 13. Darius, Philippe, Alexandre le Grand & ses Successeurs.

Tome 14. Republique Romaine, sa Fondation, ses Roys, ses Consuls, ses Empereurs, Medailles, Statues Religion, Sacrifices, Cérémonies, Jeux, Triomphes, Sepultures, Magnificence des Spectacles, Habits, Bains, Festins, Palais.

Tome 15. Naissance & Vie du Sauveur, ses Miracles, ses Paraboles, sa Passion, ses Mysteres, la Mission du St. Esprit, & la Mission des Apôtres.

Tome 16. Histoire de l'Eglise Naissante, Actes des Apôtres, Predication de l'Evangile, Persecutions, Martyrs.

Tome 17. Geographie Ecclesiastique, Fondations des Eglises, Administration des Sacremens, Miracles des premiers temps.

Tome 18. Papes, Cardinaux, Prelats,

lats, Conciles, Ceremonies, Habits Sacerdotaux, Vaſes Sacrez.

Tome 19. Hiſtoire de l'Empire de Conſtantinople depuis Conſtantin juſqu'aux Turcs, que l'on dit communement Hiſtoire Bizantine.

Tome 20. Hiſtoire des Turcs.

Tome 21. Hiſtoire des Sarrazins, Maures, Arabes, Egyptiens.

Tome 22. Ordres Religieux.

Tome 23. Chevaleries.

Tome 24. Rome Moderne.

Tome 25. Villes d'Italie, Egliſes, Palais, Batimens, Fontaines, Jeux, Fêtes.

Tome 26. Hiſtoire de France.

Tome 27. Hiſtoire d'Epagne.

Tome 28. Hiſtoire d'Angleterre.

Tome 29. Des Païs du Nord, Allemagne, Suede, Dannemark.

Tome 30. Hiſtoire de Moſcovie, de Tartarie, de la Chine, du Japon.

Tome 31. Decouverte du nouveau Monde, Figures de ſes peuples, de leurs cérémonies.

Hiſtoire des Sciences & des Arts.

Tome 1. Figures de Geometrie, Perſ-

Perspective, Astronomie, Statique, Diverses Tables Analitiques, de Dialectique, Metaphysique.

Tome 2. Navigation, Vaisseaux, Galeres, Instrumens de Marine, Cartes, Rhombes des vents, Ecueils, Bancs, Routes, Naufrages.

Tome 3. Architectures, Machines, Ruïnes.

Tome 4. Art militaire, Fortifications, Plans, Places, Armes, Equipages, Campemens, Batailles, Sieges, Soldats, Officiers de guerre, Exercices militaires &c.

Tome 5. 6. 7. Peinture, Art de designer, Païsages, Pieces d'histoire, Oeuvres des grands Maitres, de Raphaël, Michel Ange, des Carraches, du Titien, du Guide, des Bassans, Paul Veronese, Tintoret, Rubens, les Palmes, Pietro di Cortona, le Poussin, le Brun, Voüet &c.

Tome 8. Celebres Graveurs Marc Antoine, Tempeste, Villamene, Brüyn, Blomaert, Rhimbrand, Eneas Vicus, Goltzius, Sadeler, Lasne, Chauveau, Silvestre, le Clerc, Huret, Callot, le Peautre, Nantueil, Melan, Natalis. &c.

Tome

Tome 9. Medailles, Jettons, Mereaux, Monnoyes.

Tome 10. Devises, Emblêmes.

Tome 11. Armoiries, Blasons, Sceaux.

Tome 12. Vignettes, Lettres grises, Fleurons, Frontispices de livres.

Tome 13. Ouvrages d'Orfevrerie, Pierres gravées, Anneaux.

Tome 14. Balustrades, Serrurerie, Cloisons.

Tome 15. Almanachs.

Tome 16. Theses.

Tome 17. Fantaisies, Pieces burlesques, Macarons, Charges, Grotesques.

Tome 18. Musique, Danses, Instrumens, Figures de Ballets.

Tome 19. Theatres, Decorations,

Tome 20. Agriculture, Jardins, Plantes, Parterres.

Tome 21. Exemplaires d'Ecriture, Alphabets des diverses langues, Forme de divers Caracteres, Presses d'Imprimerie.

Tome 22. Fonderies de Cloches, de Canons, Fabrique de Monnoyes.

Tome 23. Laboratoires de Chymie,

mie, Creusets, Alambics, Fourneaux.

Tome 24. Voitures, Chars, Charriots, Carrosses, Traineaux, Brancards, Rouës, Chaises à porter.

Tome 25. Chirurgie, Squeletes, Trepans, Bandages, Scies, Boutons de feu, Rasoirs, Bistoris. &c.

Tome, 26. Metiers pour les Laines, Soyes, Fils, pour Etoffes, Toiles, Rubans, Broderie, à Carder, à Calandres.

Tome 27. Harnois de Chevaux, Mulets, Chameaux & autres Animaux de charge, Selles, Brides, Bats, Colliers, Sangles, Traits.

Tome 28. Moulins à Bled, à Papier, à Poudre, à Huile, à Vent, à Bras, à Eau, à fendre le Fer & le Bois, à Scies.

Tome 29. Poids, Mesures, Balances, Trébuchets.

Tome 30. Habits de toutes les Nations, Modes, Habits de ceremonie, Coiffures, Souliers, Patins, Botes, Bas &c.

Une Bibliotheque de cette sorte seroit digne de la magnificence d'un Grand Prince. L'Abbé de Villeloin qui

qui a donné un Catalogue de livres d'Estampes imprimé en 1672. chez Jacques Langlois, où il dit qu'il avoit 104. volumes des Oeuvres des Maitres & 133. de crayons sur divers sujets; deux volumes de places, de fortifications, deux d'Entrées de Villes, de Triomphes & de Cavalcades, trois d'Armoiries, trois d'Animaux, deux de Fleurs & de Jardinages, un de Vases & de Fontaines artificielles, huit d'Architecture, deux de Bâtimens, un d'Orfevrerie & de Menuiserie, un de Broderies, un de Cartouches, un de Balets, deux de Bas-reliefs antiques : un des Arts liberaux & Mechaniques : quatre de Païsages & dix de Figures de la Bible & des Livres saints, six des Anachoretes & des Ordres Religieux, quinze de pieces & de figures Emblêmatiques & de Devises : trois de Bouffonneries ; un d'Enfans, un de Jeux de hazard, un de Ruïnes, un de Caracteres & de Hyeroglyphiques, &c. Par où l'on peut voir jusqu'où cette curiosité peut être étenduë pour faire une grande Bibliotheque.

Il

Il y a des livres qui ne ſont ſinguliers que par les amas complets que l'on a fait de diverſes pieces volantes, fugitives & paſſageres, ou par les volumes complets de certains Ouvrages faits ſucceſſivement, dont on a peine de trouver les premiers volumes.

Le Recueil de toutes les Gazettes.

Le corps entier des Mercures François.

Toutes les piéces faites au temps de la Ligue, & contre le Connétable de Luynes, contre le Cardinal Mazarin au temps de la fronde.

Le Jugement de ces pieces fait par Mr. Naudé ſous les noms ſuppoſez de Dialogues de St. Ange, & de Maſcurat, eſt un Livre ſçavant & curieux.

Les Ramas d'Oraiſons Funebres, Tragedies, de Fêtes, Decorations, Relations, Manifeſtes, traitez de Paix &c.

Les recueils d'Edits, d'Ordonnances & de Statuts de diverſes Communautez, Confreries, Societez &c.

Il y a des Auteurs celébres & de

reputation, dont on affecte d'avoir tous les ouvrages, quoiqu'ils ne ſoient pas également bons, principalement quand ces ouvrages n'ont pas tous été imprimez en un corps, comme l'ont été Eraſme, Juſte Lipſe, Albert le Grand, Jean Gerſon, le P. Sirmond, le P. Theophile Rainaud, le Theatre de Corneille, les Oeuvres de la Mothe le Vayer, de Balzac & de pluſieurs autres.

Ainſi l'on recherche d'avoir tous les ouvrages de Jean Meurſius, de Voſſius, de Grotius, de Gadefroy, de Saumaiſe, d'Erycius Puteanus, de Budée, des Eſtiennes, de Boulanger, de Caſaubon, de Deſcartes, de Galilée, de Bacon, d'Onuphre Panvinius, d'André Scot, de Gaſpar Scioppius, de Fortunius Licetus, de Bartolin, de Marguard Freher, de Henry Caniſius, du P. Gretſer & de divers critiques, les Cayers ou les feuilles volantes de M. Obrecht Preteur Royal de Straſbourg, Conringius, Lymnæus & de quelques autres Allemans qui ont écrit ſur le Droit Germanique & les Conſtitutions Imperialles, les Ouvrages de Bacon, de Willis,

Willis, de Boyle & quelques autres Anglois.

Les livres d'amusement sont les Historiettes, les Romans, les Contes; les Nouvelles, les Livres des Fées, les Dialogues des Morts, les Comedies & plusieurs autres Poësies, principalement les burlesques & d'un Style enjoué.

Il y a des *Livres Originaux* en diverses facultez, les Elemens d'Euclide pour la Geometrie: l'organe d'Aristote pour la Logique, sa Rhetorique, sa Poëtique, ses Morales. L'histoire naturelle de Pline, les Offices de Ciceron, ses Lettres à Atticus; Vitruve pour l'Architecture, Alciat pour les Emblemes, Paul Jove pour avoir écrit le premier des Devises; Les nouvelles decouvertes en fait de voyages, d'experiences, de secrets, de Sciences, de machines, d'Arts, de nouvelles methodes, la Diplomatique du P. Mabillon, contre laquelle a paru depuis peu une espéce de critique sous le titre d'éclaircissement qu'on lui demande sur les regles qu'il a établies.

On nomme Livres originaux ceux

qui peuvent ſervir de Modeles & que l'on conſidere comme des chef-d'œuvres en leur genre. Il y en a auſſi certains que l'on conſidere comme excellens en certains Arts ou Sciences, ou à raiſon de leur Methode, ou pour la fidelité des traductions, ou pour l'arrangement & la maniere d'écrire, pour la Netteté & l'Elegance du ſtile, pour la pureté de la Langue, pour la delicateſſe des penſées, pour la force du raiſonnement, pour la profonde érudition, pour les recherches curieuſes.

Il y a au contraire des Livres decriez pour être obſcurs, ſans ordre, d'un ſtile rebutant, d'un langage barbare & peu poli, pour être peu exacts en leurs citations, peu fideles à rapporter les ſentimens des autres, paſſionnez & trop declarez pour certains partis, Satyriques, Mordans, Querelleux, trop Hardis en leurs expreſſions, ou en leurs opinions, qui ſe loüent eux-mêmes & ſemblent mépriſer les autres.

Parmi ces Auteurs extravagans on peut mettre le Sieur de la Peyre d'Ozod'Ozoles, dont les ſeuls Titres des Livres font connoître le genie; Scioppius eſt decrié pour la même raiſon.

D'autres ſont peu eſtimez pour la multitude de leurs ouvrages mal digerez, mal polis, & ſouvent tres-confus.

Les vies & les éloges des Hommes Illuſtres de diverſes Profeſſions, ſont Livres curieux à raiſon de leurs matieres, chacun étant bien aiſe de connoître les perſonnes de reputation qui ont fait le plus de bruit dans le monde. C'eſt ce qui fait rechercher les Hommes Illuſtres d'André Thevet, les Eloges de Paul Jove, ceux de Scevole de Ste. Marthe, de Mr. de Thou, de Mr. Perrault, de Tixier; les Pinacotheques d'Erycius Puteanus, les Vies des Peintres, des Sculpteurs, des Architectes de Vaſari, de Ridolfi, de Baglioni, du Comte de Malvaſia, de Mr. Felibien &c.

Il y a des Livres qu'on a fait valoir, parcequ'on s'eſt imaginé qu'ils étoient meilleurs qu'ils ne ſont effectivement. Les uns ſont eſtimez parce qu'on les croit plus miſterieux qu'ils ne ſont en effet, ou parce qu'ils ſont ſi obſcurs qu'ils n'ont jamais été bien entendus, ou parcequ'ils traitent des choſes extraordinaires dont on ne ſe donne pas la peine d'examiner, ſi elles ſont vraïes ou ſuppoſées, d'autres ne ſont recherchés que parcequ'ils ſont malins, ſatyriques, défendus & décriez. L'Art de Remond Lulle, la Steganographie de Tritheme & l'Art d'écrire en chiffres de Vigenere, la Metopoſcopie de Cardan, ſont de ces Livres à qui leur obſcurité & leur confuſion à donné du credit parmi les demi-Sçavans, qui ſe laiſſent ſurprendre par tout ce qu'ils n'entendent pas. Le Theatre Genealogique de Henninges en quatre volumes eſt un Livre de prix parmi les Libraires & tres impertinent parmi les Sçavans, qui en reconnoiſſent les impoſtures & les ignorances. On peut dire la même choſe de la France Metallique de Jacques de Bie, des Généalogies du Comte Zabarella, qui fait ſortir la plus-part des Familles de Veniſe, de Padouë, de Vicence, des Anciennes Familles Romai-

Romaines avant les Empereurs ; les Généalogies de Sansovin ; les Histoires de plusieurs Provinces, de Bourgogne de St Julien de Baleurre ; des Illustrations des Gaules de Jean le Maire ; les Alliances de Paradin, sa Chronique de Savoye & son Histoire de Lyon ; celle de Rubis ; celle de Bourgogne, Franche-Comté de Goula Foderé Cordelier, Histoire Topographique des Convens de son Ordre.

Il y en a qui sont curieux de ramasser tous les Commentaires sur certains Auteurs, sur Aristote, Homere, Platon, Virgile, Horace, Tacite, Ciceron, Seneque, Pline &c.

D'autres, tous les Dictionnaires de quelque Langue que ce soit.

D'autres, tous les Livres de Voyages & de Géographie.

D'autres, tous les Traitez des Arts Méchaniques, Serrurerie, Charpenterie, Tuillerie, Eperonnerie, Art de Penser les Chevaux, de les Traiter en leurs Maladies, de les Ferrer, des Mords de Bride, Selles & autres Harnois.

D'autres recueillent avec soin

tout ce qui regarde la Chasse, la Pesche, la Navigation, l'Art Militaire, les Feux d'Artifice, les Fortifications &c.

Car il n'y a rien de si peu considerable en particulier, qui ne devienne quelque chose de singulier quand on a pris soin de recueillir tout ce qui s'est fait sur ces sujets particuliers. L'Abbé de Villeloin Mr. de Maroles avoit pris soin de ramasser toutes les Marques des Boutiques & des Enseignes des Marchands & des Artisans de Paris, avec les Placards de leurs addresses, comme il a donné un Livre de tous les Graveurs d'Estampes tant en Bois qu'en cuivre avec les Marques par lesquelles ils se sont distinguez.

M. La Caille Libraire de Paris a aussi recueilli les noms des Imprimeurs, depuis l'établissement de l'Imprimerie, leurs premiers établissemens en diverses Villes, les diverses Impressions qu'il ont faites, leurs Marques & leurs Devises.

On a fait un Livre des Marques des Chevaux, des Haras d'Italie, & d'autres lieux, avec ces Marques gra-

gravées. On a aussi recueilli tous les Alphabets des Caracteres de diverses Langues.

Il y a des Cabinets en Italie, où l'on voit des Instrumens de Musique de toutes les especes differentes & de toutes les Nations : d'autres où l'on voit tous les Poids & toutes les Mesures dont se servent diverses Villes, divers Marchands & divers Artisans, d'autres, toute sorte d'Armes anciennes & modernes de toutes les Nations tant Civilisées que Barbares.

Les *Livres singuliers* sont ceux de certains Auteurs qui ont affecté de traiter à fond certaines matieres singulieres, & qui l'ont fait avec beaucoup d'érudition comme,

Le Traité des Grands Chemins de l'Empire de Nicolas Bergier: La Dactilotheque d'Abraham Gorlæus pour les Anneaux & Pierres gravées des Anciens.

Claude Guichard des Funerailles des Anciens.

Jacques Gouthier *de Jure Pontificio*, pour les anciens Pontifes & Prêtres de l'Idolatrie, les Augures Flamines &c. Sur quoi je ne pus m'empêcher de rire, en voyant dans une fameuse Bibliotheque, que celui qui en avoit soin n'ayant jamais connu ce Livre que par le titre de la couverture, l'avoit rangé parmi les Livres du Droit Canonique & parmi les Livres Ecclesiastiques de nôtre Religion.

Le Traité *de Jure Manium* du même Auteur est aussi fort sçavant & singulier.

Joannes Kirckmannus de Funeribus.

Lazare Baif & Philippe Rubenius *de re Vestiaria & gli habiti antichi* dont les figures ont été dessinées par les Eléves du Titien.

Licetus de Annulis & Lucernis Veterum.

Les Fastes & les Triomphes d'Onuphrius Panvinius. *Stephani Vinandi Pighii Annales Provinciarum, Magistratuum Romanorum ab urbe condita*, trois volumes necessaires à ceux qui veulent approfondir l'Histoire Romaine, entendre les Medailles, les Inscriptions, & autres Antiquitez.

Les Medailles de Hubert Goltzius.

Les Oeuvres du P. Athanase Kircker,

cker, *Prodromus Copticus de Magnete*, *Musurgia* pour la Musique, *Ars magna lucis & umbræ*, *Mundus subterraneus*, les Obelisques d'Egypte, ou *Oedipus Ægyptiacus*, le *Latium*, la Chine Illustrée, Tarifs, &c.

Les Rheteurs Grecs imprimez en deux volumes par Manuce.

Les Anciens Rheteurs Latins.

Les Scoliastes Grecs sur les Anciens Auteurs comme Eustathius sur Homere, les Tzetzes.

Les trois volumes de divers Voïages de Ramusio, ceux de Thevenot.

L'histoire naturelle d'Ulysse Aldroüand en 13. volumes, pour la connoissance des Mineraux, Plantes, Insectes, Oiseaux, Animaux, Monstres &c.

Seldenus *de Dïis Syris*.

Polydore Virgile *de Rebus inventis & de perditis*.

Notitia Imperii Panciroli.

Officia Domus Augustæ.

Caneparius de Atramentis.

Iconologie de Cesar Ripa en Italien traduite par Baudouin, ouvrage utile aux Peintres pour divers Sym-

ſymboles, dont cependant ils doivent être avertis de ne pas ſe ſervir indifferement, ſans conſulter des Sçavans, de peur qu'il ne leur arrive ce qui eſt aſſez ordinaire à ceux qui traduiſent ou composent ſur les Dictionnaires, qui ayant pluſieurs termes équivoques, donnent occaſion à pluſieurs extravagances quand on prend les uns pour les autres.

La Piazza univerſale di Tomaſo Garzoni qui rapporte le bien & le mal de toutes les Profeſſions du Monde, & indique les Auteurs qui en ont écrit.

Duello della Scienza e dell'Ignoranza di Conſtantio di Notari, qui eſt la Critique de la pluſpart des Anciens Auteurs, dont il rapporte ce qu'on y a trouvé à dire, & ce qu'on a écrit pour les juſtifier.

L'Arte della Pittura, di Giovan Paolo Lomazzo & ſon *idea del Tempio della Pittura.*

La mimera di tutte le Pitture di Venetia.

Des Traitez particuliers des Cometes, des Tremblemens de Terre, du Veſuve, & du Mont-Gibel, des Bains

Bains, Fontaines, Eaux Minerales, Montagnes ſingulieres, Iſles &c.

Il faut joindre à tous ces Auteurs de differentes eſpeces, *les Avanturiers* qui entreprennent de traiter des matieres qu'ils n'entendent pas, ou d'avancer des opinions nouvelles, bizarres, extravagantes pour faire parler d'eux, comme ſont ceux qui ſe mêlent de donner leurs chimeres ſur des Antiquitez, leur jugement ſur des Ouvrages nouveaux & leurs reſveries ſur de nouveaux Syſtemes où ils ne comprennent rien. Ainſi on recherche par curioſité les Livres où ces Avanturiers ont propoſé des idées de la Science Univerſelle, la Pierre Philoſophale, la Quadrature du Cercle, des idées de nouvelles machines pour la Navigation, l'Or Potable, la Panacée ou remede Univerſel; de nouvelles idées d'Architecture, la reünion des Langues, les moïens de concilier les divers Syſtemes des Ecoles de Philoſophie, d'accorder les diverſes Religions. Ceux qui ont voulu que les étoiles fuſſent des caracteres, où l'on put lire divers évenemens qui doivent arriver,

&

& faire des Arts de divination sur les traits & les Lignes des mains, & la configuration des visages qu'ils appellent *Chiromantie* & *Metoposcopie*, la Geomantie, & des reflexions sur les Songes à la maniere des Anciens Oneirocritiques, les Talismans, les Sciences occultes, les Horoscopes, la Baguette &c.

Ceux qui ont voulu donner des Arts pour parler sur le champ de toutes sortes de sujets, par les Cercles de Remond Lulle, de faire des vers sur le champ, d'enseigner à des enfans toutes les Langues & toutes les Sciences en deux ou trois années, comme on voit paroître de temps en temps des projets fantastiques de diverses Sciences reduites en jeux de Cartes & de Dez, en Tables, en Abbregez & sommaires, & des Encyclopedies.

Il y a aussi des Livres d'Avantures comme l'Histoire des Larrons, l'Histoire des Flibustiers, des Livres de bons Mots, de Contes plaisans, de Pensées ingenieuses, de plaisanteries &c.

Il y a des *Livres Supposez* qui n'ont jamais

jamais été, comme le Livre pretendu *de Tribus impostoribus*, qui n'a jamais été vû ; où attribuez à d'autres qu'à leurs veritables Auteurs. Ainsi au bout des Ouvrages de St. Augustin, on ajoûte divers Ouvrages qui lui ont été faussement attribuez ; on a fait la même chose à la fin des Ouvrages de St. Ambroise & de quelques autres Peres, ce qui est arrivé par l'inadvertence des Copistes avant l'invention de l'Imprimerie. Les anciens Moines assembloient pour leurs usages en un corps, divers Traitez & diverses Homelies sans distinguer les Auteurs, que les sçavans s'efforçent de distinguer sur la difference des Styles & sur divers Anacronismes, ou Citations. Il y a pour ce sujet divers Ouvrages de critique sur les Livres Sacrez de l'Ancien & du Nouveau Testament, sur les Canons Apostoliques attribuez à St. Clement, sur les Ouvrages de St. Denis l'Areopagite, sur les Lettres de St. Ignace Martyr ; les Lettres & Decrets des Papes, les Titres de diverses Eglises, Monasteres &c. Sur quelques Ouvrages Historiques ; sur la

Rheto-

Rhetorique de Ciceron, sur quelques Traitez de Plutarque, & sur divers Livres reputez Apocriphes & posterieurs de plusieurs siecles aux temps ausquels on les a crûs composez. Mais comme ces Recherches sont dignes de toute l'application des Sçavans de profession, elles ne sont pas du ressort de cette Bibliotheque, qui ne regarde que la curiosité des personnes mediocrement instruites, qui ne veulent pas s'engager en de pareils Labyrinthes ni approfondir ces matieres épineuses.

Il y a des Livres non seulement suspects, mais scandaleux, infames, decriez, hérétiques, libertins, qu'un honnête homme ne doit pas non seulement retenir, mais non pas même connoître bien loin de les lire, puisque, ni la Religion, ni la Conscience, ni l'honnêteté ne permettent pas d'en parler. Ainsi Thomas Garzoni de Bagnacavallo en l'avis aux Lecteurs de *sa Piazza Universale di tutte le Professioni del mondo* fait cette sage Declaration touchant ces sortes de Livres.

Se particolarmente nel nominar qualche

che autore de fede, ô di costumi profano, in cosi gran Catalogo di autori diversi, havesse mancato di darli quegli Epiteti d'infami e scelerati, come da qualche volta all'infame Aretino, al Sacrilego Agrippa, al scelerate Munstero, ad Alcuni altri tali, con questa presente correggé dove per sorte habbi mancato, dichiarando l'opere, e i nomi di cotali mostri, doversi con ogni Epitheto bestiale e abbominevole pronuntiare, non essendo degni di comparire in stampa se non in forma di bestie e Animalaci, come sono.

Tous les Livres de cette espece sont absolument bannis de cette Bibliotheque Instructive.

Il y a des Livres qui ne sont que des ébauches & des idées plûtôt que des Traitez remplis. Il y en a d'autres qui sont demeurez imparfaits, parceque les Auteurs n'ont pas eu le temps de les achever, & qu'il ne s'est pas trouvé aprés eux des personnes qui pussent entrer dans leurs desseins, ou qui ayent voulu s'en donner la peine. Enfin il y a des Ouvrages qui auroient besoin d'être revûs, corrigez, augmentez & redressez en plusieurs endroits.

La Poëtique d'Ariſtote n'eſt qu'une ébauche que perſonne n'a ſçu remplir, l'Hiſtoire naturelle de Pline auroit beſoin d'être augmentée d'un grand nombre de Decouvertes faites dans le Ciel, dans les Navigations & les Voyages.

On n'a point encore de parfaite Geographie. Le Cérémonial de France eſt demeuré imparfait.

Le Ciaconius des Vies des Papes & des Cardinaux auroit beſoin d'être retouché par quelques ſçavantes mains, les Notes de Victorellus & d'Ughelli & les Additions du P. Oldoin ne l'ont pas purgé d'une infinité d'erreurs touchant les noms, les dattes & pluſieurs faits, auſſi bien que pour les Armoiries qui ſont la pluſpart fauſſes.

La Gaule Chretienne de Mrs. de Ste. Marthe eſt auſſi un Livre des plus neceſſaires & des moins ſûrs, parcequ'ayant été compoſé ſur des Memoires envoyez de divers endroits & qu'il a été impoſſible de bien examiner dans un ſujet d'une ſi vaſte étenduë, il y a non ſeulement des erreurs & des redites, mais encore beaucoup de contradictions & de grandes Lacunes;des Ouvrages de cette espece demandent une legion d'Auteurs qui pussent rechercher, examiner, conferer ensemble & verifier beaucoup de choses suspectes.

Il y a quantité d'autres Ouvrages dont on peut relever les erreurs, pour avoir été composez avec trop de precipitation, ou pour avoir été entrepris par des personnes qui n'avoient pas toutes les lumieres necessaires pour s'en bien acquiter ou pour avoir negligé de chercher des secours étrangers, en consultant les personnes les plus éclairées & les plus experimentées sur les matieres qu'ils vouloient traiter. Ainsi il y a peu de bons livres sur l'Art du Blason au dessus de quarante ou cinquante ans, ny ayant que des Peintres, des Graveurs, des Imprimeurs & des Libraires ignorans, qui se fussent avisez d'écrire sur cette matiere, ou quelques vieux Hérauts d'Armes, qui s'étoient contentez de barbouiller des Armoiries.

Les Ordres de Chevalerie ont été fort maltraitez par André Favin, par

par Mennenius, par Palliot, par Vulſon de la Colombiere, par deux ou trois Italiens & quelques Eſpagnols, qui les ont confondus, & en ont expoſé de Chimeriques qui ne furent jamais, ou qu'ils ont voulu faire paſſer pour plus anciens qu'ils n'étoient.

Outre toutes ces eſpeces de Livres ſi differents entre eux, pour l'uſage, pour le ſecours & pour la curioſité. Il faut y joindre les *Epiſtolaires*, c'eſt-à-dire les recueils de Lettres écrites par diverſes ſortes de perſonnes.

Il y en a de quatre eſpeces. 1. Des Lettres Familieres & de Complimens entre des amis. 2. Des Lettres de Negotiations, & d'affaires. 3. Des Lettres d'Erudition. 4. Des Lettres Paſſionnées ſur des ſujets ſuppoſez, comme les Lettres en Vers d'Ovide, les Lettres de Patru à Olinde, &c. On ne peut gueres apprendre des Lettres Familieres qu'un certain tour aiſé à s'expliquer ſur les choſes ordinaires de la vie & du commerce du monde. Car il y a une Eloquence propre de la converſation, dont

dont j'ai dit qu'Aphtone un Ancien Rheteur Grec, nous a donné & les regles & les exemples. C'est une chose surprenante de voir que l'homme passe la moitié de sa Vie en conversation & qu'il ne prenne aucun soin de se former à ce qu'il doit faire si souvent.

L'Eloquence de la conversation a ses graces, ses finesses & ses beautez que l'on ne sçauroit bien regler en general. Elles sont plus de la nature que de l'Art, & il y faut du genie, de ce genie aisé qui sçait distinguer le plaisant du serieux, & le joli du grave & du solide, c'est ce qui peut s'apprendre par les Lettres, principalement par la lecture de celles de Voiture qui avoit un talent admirable pour ce genre d'écrire. Il y faut un certain langage naturel, fin, poli, delicat, aisé, tel que le demandent les conversations, où il ne faut rien qui sente la declamation, ni le Phœbus, & un certain sublime outré & trop guindé, comme est le stile guindé des Lettres de Balsac, ny rien d'extravagant comme le stile de Nerveze. Les Dames excellent

en

en ce genre d'écrire, quand elles ont de l'esprit & de la politesse, parceque leur esprit n'a point été gâté par l'étude des Colleges. On ne doit chercher dans ces Lettres que la pureté des expressions, & une maniere aisée de dire noblement les choses les plus communes. Ainsi l'on cherche dans les Lettres Familieres de Ciceron, la pureté de la Langue Latine, qui n'est pas si pure en celles de Pline, & beaucoup moins en celles de Seneque.

2. Les Lettres de Negotiations servent à former les Politiques, & l'on regarde celles de Ciceron à Atticus & à Quintus son Frere comme de sages leçons pour la conduite des affaires. Telles sont les Lettres de Bongartsius, du Cardinal Du-Perron, du Cardinal d'Ossat, de Sadolet, de Mr. de Villeroi, du Cardinal Bentivoglio &c.

Ceux qui écrivent l'Histoire peuvent apprendre beaucoup de faits & d'intrigues particulieres en ces sortes de Lettres, aussi voïons nous que ceux qui ont écrit les Vies des Hommes d'Etat, des Ambassadeurs, des Gene-

Generaux d'Armées, des Ministres n'ont pas manqué d'y rapporter les Lettres qu'ils ont écrites & celles qui leur ont été écrites, comme on peut voir dans les Memoires du Cardinal de Richelieu & dans les Histoires du Duc d'Epernon, du Marêchal de Matignon, du Marêchal de Toiras &c.

3. Les Lettres d'érudition sont celles que les Sçavans s'écrivent sur divers sujets de Doctrine, comme les Lettres de Casaubon, de Saumaise, de Sarrau, de Costar, de Sorbiere & de quelques autres. Les Lettres de Philelphe, d'Ange Politien, de Longolius.

Les Lettres de la derniere espece sont de purs amusemens comme les Romans, où l'on voit souvent des passions outrées & des galimatias, plus capables de gâter l'esprit, que de former le jugement.

Mais nous pourrons parler en quelque autre occasion du stile des Lettres; passons à la Bibliotheque de l'honnête homme.

La Bibliotheque de l'honnête Homme.

Ce n'eſt pas la multitude des Livres qui rend un homme ſçavant. Les Libraires qui en font trafic ſeroient les premiers hommes du Monde, & les Imprimeurs qui les donnent au public paſſeroient pour les plus habiles gens. Il y en a parmi les premiers, qui connoiſſent les Livres les plus rares de chaque faculté, ceux qui ont le plus de cours & qui ſont les plus eſtimez. Ils ſçavent où ces Livres ſe peuvent trouver, ils en connoiſſent le prix, la diverſité des éditions, les plus exactes & les plus correctes, les contrefaites, celles qui ſont les plus recherchées. Il ſeroit à ſouhaiter que les autres fuſſent auſſi habiles que les Eſtiennes, les Manuces, les Gryphes & les Badius, pour nous donner des Livres plus correcſts, & ſur tout qu'ils euſſent plus d'intelligence des Langues & qu'ils fuſſent plus verſez qu'ils ne le ſont, aux diſtinctions des diſcours, pour en marquer les repos, les interſtices, les divi-ſions.

ſions. Ce qui demande des Lettres Capitales, des Majuſcules, des changemens de Caractere, &c.

Un honnête Homme qui veut profiter de la lecture des bons Livres, en doit ſçavoir faire le choix, la maniere de les lire & l'uſage qu'il en peut faire. On peut connoître pluſieurs Livres, pour en parler & pour en entendre parler, mais il y en a quelques-uns qu'il faut ſe rendre familiers, ce qui a fait dire comme en proverbe, *qu'un homme d'un Livre eſt à craindre*. C'eſt-à-dire qu'un Homme qui a bien penetré les matieres d'un bon Livre, & qui s'eſt nourri comme de ſon ſuc, a de quoi faire leçon à beaucoup d'autres qui ſe contentent de lire ſuperficiellement pluſieurs Livres. Ainſi en la pluſpart des facultez il y a certains Livres Fonciers qu'il ſuffit de bien ſçavoir & auſquels il faut s'attacher juſqu'à ce qu'on les puiſſe poſſeder parfaitement.

La Bibliotheque complette pour un honnête Homme conſiſte à avoir principalement les Livres d'uſage, les Livres de ſecours & les meilleurs de tous les Auteurs de chaque faculté pour les connoissances utiles, ordinaires & necessaires, tels que sont les Dictionnaires pour les Langues qu'il veut sçavoir, ou dont il peut avoir besoin de temps en temps pour les consulter.

Pour la Langue Françoise les Dictionnaires de l'Academie, de Furetiere & de Richelet, & celui de Trevoux qui les contient tous, sont les plus utiles avec les Remarques sur la Langue, de Vaugelas, & du P. Bouhours & les Observations de Mr. Menage.

Pour la Langue Latine le Calepin en deux volumes de la derniere Edition, celui de Robert Estienne est plus sur pour la pureté de cette Langue & pour la proprieté des mots. Les Commentaires de Dolet & l'Apparat de Ciceron sont excellens pour le choix des termes Latins, & le *Delectus Latinitatis* du P. Monet, les Particules de Turselin & du P. Vavasseur. Il ne faut pas faire grand fond sur l'Anthologie, le *fons aureus* & autres semblables Livres, où les phrases détachées des Auteurs

Auteurs se trouvent assez souvent appliquées à contre sens, & hors de leur sens naturel, par la diversité des Metaphores qui sont bonnes en certains endroits & sont extravagantes en d'autres sujets. Il faut aussi prendre garde au genie de chaque Langue pour ne pas transporter les usages & les arrangemens de l'une à l'autre comme font ceux qui parlent Latin en François, & ceux qui parlent François en Latin.

Il y a des Dictionnaires qui sont plus propres pour l'Erudition que pour l'usage comme sont *l'Etymologicon de* Vossius, les Origines de la Langue de Mr. Menage, le *Glossarium mediæ & infimæ Latinitatis* de Mr. du Cange, le Dictionnaire de Henry Spelman, ceux de Covarruvias & de Lindembroch, qui ne sont que pour l'intelligence des Termes Barbares qui se trouvent dans certains Auteurs des temps moïens, ou dans de vieux Actes; ces especes de Dictionnaires sont Livres de secours & non d'usage.

Il est bon pour ce même effet, d'avoir un Dictionnaire de chaque Lan-

 gue,

gue, un Dictionnaire Italien, un Dictionnaire Espagnol, un Dictionnaire Anglois, un Dictionnaire Flamand, un Dictionnaire Allemand.

Les Dictionnaires de Nicod, de Borel, & quelques autres semblables sont pour l'intelligence des vieux termes qui ne sont plus en usage, & qui se trouvent dans les Livres anciens.

Il y a d'autres Dictionnaires qui sont bons pour la curiosité : tels sont les Dictionnaires particuliers de certaines Sciences & certains Arts, le Dictionnaire Theologique, les Dictionnaires Philosophiques pour l'intelligence des Termes, le Dictionnaire Mathematique de Mr. Ozanam, le Dictionnaire Geographique de Mr. l'Abbé Baudran, le Dictionnaire de Droit, les Dictionnaires des Termes de Medecine, les Dictionnaires d'Agriculture, de Botanique pour les Herbes & Simples de la Medecine, les Dictionnaires des Arts de Peinture, Sculpture, Graveure & autres Arts semblables de Mr. Felibien, les Dictionnaires de Marine, les Dictionnaires

res Militaires, les Dictionnaires de Blason, les Dictionnaires de Jargon ou de Narquois.

Le Dictionnaire d'Architecture de Davilers. Ceux qui veulent encore porter plus loin leur curiosité peuvent avoir les Dictionnaires Hebraïques de Pagnini & de Buxtorf, les Grecs de Budée, de Henri Estienne, de Scapula, de Screvelius, & celui des mots Barbares Grecs de de Meursius, *Mediæ & infimæ Græcitatis* de Mr. du Cange.

Les Dictionnaires Arabes, Turcs, Malabariques, Tartares, Sclavons, Rhuniques &c. tels que sont ceux de Golius, de Leunclavius, &c. & les Etymologies de Marquard Freher, de Garope Becan, de Selden, de Cambden, d'Adrien Scrieck &c.

Les Dictionnaires d'usage devroient être fort simples & marquer par ordre Alphabetique tous les termes sans avoir égard ni aux origines, ni aux derivations, ni aux definitions qui sont trop embarassantes pour les enfans & pour ceux qui commençent à apprendre les Langues Greque & Latine. C'est en cela que le Dictionnaire Grec de Budée & celui de Screvelius ſur Homere, ſont beaucoup plus commodes que celui de Scapula, qui eſt pour les perſonnes avancées & qui veulent aller aux ſources, & aux racines, ce qui eſt plus propre pour les Langues Greque & Hebraïque que pour les autres.

Les Livres de ſecours, pour le Cabinet, ſont ſelon diverſes matieres, le Dictionnaire Hiſtorique de Moreri pour l'Hiſtoire ; celui de l'Abbé Baudran pour laGeographie le Polyanthea,pour les matieres Morales & le *Theatrum vitæ humanæ* pour les exemples ſur diverſes matieres.

Ceux qui veulent s'attacher à la pure Latinité,doivent avoir tous les Ouvrages de Ciceron, les Commentaires de Jules Ceſar, Saluſte, Tite-Live, Virgile, Terence &c. Parmi les Modernes ceux qui paſſent pour la plus belle Latinité ſont les Manuces, les Eſtiennes, Longolius, le Bembe, Muret, Maphée, Strada, Oſorius, Biderman, &c.

Pour nôtre Langue la pluſpart des Ecrivains de l'Academie Françoiſe,

çoise, Voiture, Balsac, Sarrasin, Giri, Patru, Ablancourt, Vaugelas, Arnaud d'Andilly, le Maître, le P. Bouhours & quelques autres qui n'étoient pas de cette Academie.

Les Livres les plus propres pour la Bibliotheque d'un honnête Homme sont tous les Livres d'Histoire, les Memoires, les Relations, les Voïages, les Livres de Curiositez, les Descriptions des Païs, les Livres de Festes, de Spectacles, de Decorations qui sont d'un goût plus universel pour le commerce du monde. Certaines questions & dissertations en fait de Politique & de Morale sur les mœurs des Peuples, les Interêts des Princes, les Cérémonies, les Livres de Physique, d'experiences, de Nouvelles Decouvertes d'Estampes &c.

Il suffit d'avoir les Livres Principaux de chaque Faculté, ceux qui ont le mieux traité de l'Architecture, de la Peinture, du Blason, des Emblêmes, des Devises, des Enygmes, des Chifres, des Medailles, des Pierreries, des Pierres Gravées, des Talifmans, de l'Eloquence, de la Poëfie, des Infcriptions, des Monumens Antiques de diverfes efpeces; des Etats, Monarchies, Republiques, Ordres Militaires & Reguliers, des Etabliffemens des Communautez, des diverfes Religions, des Herefies, Parlemens, Chambres des Comptes, & autres Sieges de Juftice, de diverfes Jurifdictions, des Dignitez, Charges, Emplois, Droits Honorifiques, des Palais, Bâtimens, Fortifications, Plans de Villes, Fontaines, Ornemens Publics, Jardins, Manufactures, Machines, pour les quels chacun doit confulter fon goût, fes facultez & les moïens de les acquerir. Car il ne convient pas à tout le monde de dreffer des grandes Bibliotheques, mais il eft peu de perfonnes qui ayent quelque goût pour les Lettres, qui ne doivent fe faire des Cabinets felon leurs inclinations.

Des Livres de Cabinet.

Il y a cette difference entre les Bibliotheques & les Cabinets, que les

les Bibliotheques sont des amas de toutes sortes de Livres, de quelque Langue, Caractere, Profession, Sujet & Matiere que ce soit, Imprimez, ou Manuscrits, de plusieurs Editions differentes.

Les Cabinets au contraire, sont destinez à certains Livres de choix, selon les goûts differents des particuliers, qui dressent ces Cabinets. Il y en a qui s'attachent uniquement aux Livres d'Histoire, & qui ramassent toutes les Histoires de quelque nature qu'elles soient. D'autres s'attachent aux Historiens Ecclesiastiques, d'autres aux Histoires des Peuples & des Nations; des Royaumes, des Provinces, des Villes, d'autres aux Histoires des Corps & Communautez, des Ordres Militaires, des Ordres Religieux, des Academies, des Universitez, des Ecoles, des Colleges &c. des Parlemens & autres Tribunaux de Justice, des Societez, Ligues, Cabales &c.

Quelques-uns font des Cabinets de Romans, de Voïages, de Poësies, de Livres d'Estampes & de figures, de Medailles, d'Emblêmes, d'Armoiries, Blaſon, & Généalogies; de Livres de pieté, de Vies & d'Eloges de toutes les Perſonnes Illuſtres, de Livres ou de Traitez ſinguliers d'Erudition, de l'Hiſtoire naturelle des Plantes, Fleurs, Fruits, Metaux, Mineraux, Monſtres, Animaux.

De toutes ſortes de Machines, pour les Arts, Navigation, Elevation des Eaux, Feux d'Artifice, Armes, Machines de Guerre, Fortifications, Inſtrumens de Muſique, de Chirurgie, d'Agriculture, de Chymie, pour Tourner, pour lever des Plans, pour faire des Cadrans, pour deſſiner, pour la Charpente, la Maſſonnerie, les Harnois, les Voitures, la Fabrique des Monnoyes, de la Verrerie, des Glaces, Inſtrumens de Mathematique.

Il y a pluſieurs Deſcriptions imprimées de Cabinets rares & curieux ſelon ces divers goûts.

Celui des Septales de Milan eſt un des plus celebres pour toutes ſortes de curioſitez naturelles, Artificielles, Miroirs, Ouvrages de Perſpective, ve, Mineraux, Squeletes d'Animaux, divers Instrumens des Arts, Livres rares & curieux, Medailles, Monnoyes de divers Païs. On peut voir la description de ce Cabinet Imprimée sous le Titre de *Musæum septalianum*,

Le Cabinet du Docteur Olaus Worm Professeur de Copenhague, est un des plus curieux pour les choses naturelles. Il l'a rendu public sous ce Titre.

Musæum VVormianum, seu historia rerum rariorum tam naturalium quam artificialium, tam domesticarum quam exoticarum quæ Hafniæ Danorum, in ædibus Autoris asservantur, adornatum ab Olao Vvorm Med. Doctore & in Regia Hafniensi Academia olim professore publico.

Cet Ouvrage est divisé en quatre parties ou livres. La premiere Section du premier Livre est des Fossiles & des differences des Terres: des Terres dont les Artisans se servent pour divers Ouvrages: des Terres qui servent à la Medecine, où il traite de plusieurs especes de Terres Sigillées, dont il donne les

figures,

figures, & fait les descriptions, comme il en montre les usages: des Terres Miraculeuses : des Sels en general & des Sels naturels & Artificiels, du Nitre, de l'Alum, des Vitriols; du Souphre, de l'Arsenic, des Bitumes, de l'Ambre, & du Sperme des Balenes.

La seconde Section est des Pierres en general, des Callioux, Pierres à feu, Pierres à aiguiser & à affiler; des Marbres, des Pierres à Chaux, du Plâtre, de la Pierre de Bologne, des Pierres Ponces, du Tuf &c. de l'Amianthe, du Talc, de diverses Pierres qui se trouvent dans les Poissons, Carpes, Perches, Limaçons & autres Animaux. De l'Aiman, des hematites, de l'Emeri, du Lapis-Lazuli, des Langues de Serpent, Pierres Etoilées, Pierres d'Aigles, Pierres qui se tirent des Corps Humains &c. du Jaspe, des Agathes, des Onyces, des Arnethystes, du Christal de Roche &c. des Diamans, des Rubis, des Grenats, des Hyacintes, des Saphirs, Emeraudes, Chrysolites Topases, Turquoises &c. des Opales, Yeux de Chat, Perles,

Perles, Pierres de Bezoard.

La troiſiéme Section du Livre premier, eſt des Metaux, de l'Or, de l'Argent, des Mines d'Argent de Norvege, du Bronze, du Cuivre, du Fer, des autres Metaux, des Ouvrages artificiels, des Metaux & de leurs Roüilles, des Marcaſſites, Litharge, Mine de Plomb.

Le ſecond Livre eſt des Vegetaux, des Champignons, de l'Agaric, des Eponges de diverſes Plantes, du Lin & de la Soye, ou Toiles de certains Arbres; des Roſeaux, du Calamus aromatique & de pluſieurs Plantes Ezoliques, Bois, Fruits, & racines étrangeres, d'uſage dans la Medecine; des bois Monſtrueux, des Ecorces, des Fruits rares & étrangers par ordre alphabetique, des Semences, des Gommes, des Sucs épaiſſis, des Plantes marines & Zoophites.

Le troiſiéme Livre, eſt des Animaux, des Inſectes, des Coquillages, des Poiſſons, des Oiſeaux, des Quadrupedes; où il ne traite que des plus rares & plus curieux qui étoient dans ſon Cabinet.

Le Quatriéme Livre des choses Artificielles les plus curieuses ; comme Vases de diverses Terres, des Lampes antiques, Lacrymatoires, Idoles & Statuës d'Egypte, des Urnes & plusieurs autres curiositez Egyptiennes, Grecques & Romaines.

Les Peres de l'Abbaye de Ste. Genevieve ont donné la Description de leur Cabinet avec les figures des raretez qui s'y voient touchant les antiquitez de la Religion des Chrétiens, de la Religion des Egyptiens, de la Religion des Romains, de ce qu'ils faisoient pour les Morts, de leurs poids, & Monnoyes, des Medailles les plus rares, de grand, de moyen & de petit Bronze, des Medailles les plus rares du bas Empire, des coins des Medailles du Padoüan, dont ils ont les Matrices, des Pierres antiques & gravées, des Talismans, des Monnoyes de France, des trois Races de nos Roïs ; des Medailles les plus rares des Papes depuis Paul II. de quelques Lampes antiques. Enfin de plusieurs curiositez naturelles d'Animaux, de Plantes & de Fruits étran-

étrangers, de Pierres & de Coquilles.

Le celebre Mr.de Peyresc eut autrefois un Cabinet considerable par un grand ramas de Titres, de Cartulaires, de Manuscrits en diverses Langues, de sçeaux, d'Instrumens ou Actes publics, d'antiquitez Romaines, Poids, Mesures, Instrumens de Sacrifices, Pierres & Plantes étrangeres, diverses Monnoyes, Livres rares, Rouleaux, Estampes, Inscriptions &c.

Le Cabinet des curiositez du College Romain des Jesuites dressé par le R. P. Athanase Kircker n'est pas des moins considerables, pour les Peintures & Tableaux de plusieurs excellens Peintres, les Portraits de quelques Papes, Princes & autres Hommes Illustres. Pour les raretez des Indes, de la Chine & autres Païs étrangers, divers Instrumens de Mathematique & de Catoptrique, Fontaines artificielles, Horloges que l'Aiman fait aller, diverses Machines curieuses, les Obelisque Egyptiens representés & expliqués, la Description en a été

été Imprimée à Amſterdam l'an 1678. par Janſſon Waeſberg ſous ce Titre.

Romani Collegii Societatis Jeſu Muſæum celeberrimum, cujus magnum Antiquariæ rei, ſtatuarum, Imaginum, picturarumque partem ex legato Alphonſi Domini S. P. Q. R. a ſecretis, munificâ liberalitate relictum. P. Athanaſius Kirckerus Societatis Jeſu novis & raris inventis, locupletatum, compluriumque Principum curioſis donariis magno rerum apparatu inſtruxit.

L'an 1690. Michel Ange de la Chauſſe Pariſien fit Imprimer à Rome un Treſor d'Antiquitez ſous le Titre de Cabinet Romain, qu'il Dedia à S. A. S. Monſeigneur le Duc du Maine Prince Souverain de Dombes.

Romanum Muſæum ſive Theſaurus eruditæ antiquitatis, in quo gemmæ, idola, Inſignia Sacerdotalia, Inſtrumenta Sacrificiis inſervientia, Lucernæ, Vaſa, Bullæ, Armillæ, Fibulæ, Claves, Annuli, Teſſeræ, Styli, Strigiles, Gutti, Phialæ, Lacrymatoriæ, Vota, ſigna Militaria &c. centum & ſeptuaginta Tabulis æneis referuntur & dilucidantur, cura

cura studio, & sumptibus Michaelis Angeli causei de la Chausse Parisiensis.

Ce Cabinet n'a jamais été effectif, mais seulement un ramas de plusieurs pieces tirées de divers Cabinets de Rome gravées & expliquées.

Outre les Livres choisis qui doivent composer le Cabinet d'un honnête homme, il y a beaucoup de curiositez qui en peuvent faire l'ornement ; les plus ordinaires sont les Tableaux, les Estampes, les Monnoyes, les Sceaux, les Medailles, les Jettons, les Statuës, les Raretez des Indes, de la Chine, du Japon, les Animaux étrangers ; les Plantes singulieres, les Metaux, les Mineraux, les Pierreries, les Camayeux, les Pierres Gravées, les Agathes, les Talismans, les Manuscrits, les Cartes, les Armes antiques & Modernes, les Instrumens de Musique, les Machines, les Experiences de Physique, les Habits de toutes les Nations, les Instrumens des Sacrifices, les Poids & les Mesures des Anciens, les Recueils d'Inscriptions, de Fêtes, de Devises, de Blason ; les Secrets Naturels, les Coquillages, les

Rocailles

Rocailles, les Petrifications, les Plans de Villes, & des Citadelles, les diverſes Pieces de Fortifications, & de l'Artillerie. Les Urnes, Vaſes, Lampes & Tombeaux Antiques, les Ouvrages de Four, les Porcelaines, les Chriſteaux, les Emaillures, les Anneaux, les Inſtrumens de Mathematique, Globes, Spheres, Aſtrolabes, Compas de Proportion, Sextans, Lunettes, Bouſſolles, Cadrans, Angiſcopes, Barometres, Thermometres, Cylindres, Verres Triangulaires, Miroirs convexes, Concaves, Paraboliques, les Modeles de Bâtimens, de Fontaines, d'Arcs de Triomphe, de Vaiſſeaux, de Galeres & de cent autres pareilles curioſitez tant naturelles qu'artificielles.

Il y en a qui ſe font des Cabinets curieux de Papillons, en ayant ramaſſé plus de huit cens de Bigarrures differentes, dont ils collent les aîles ſur des feuilles de Papier pour les conſerver couvertes d'une feüille de talc. D'autres conſervent des Animaux, qu'ils font ſecher, embaûmer, revêtir de paille au dedans, ou de cotton. On conſerve ainſi des Oiſeaux,

Oiseaux, des Poissons, des Lezards & quelques autres Animaux aprés les avoir vuidez & dessechez, de peur que les vers & la pourriture ne s'y mettent. D'autres se contentent d'en conserver les Squeletes, aprés avoir consumé les chairs & les avoir depouillez de leurs peaux qu'ils conservent separement. Le Theatre Anatomique de l'Academie de Leide, l'Etude de Bologne d'Aldrovand, celle de Pise & quelques autres sont fort celebres pour les depouilles de semblables Animaux. Il est plus aîsé de conserver les Plantes rares,* & les Fleurs. Il n'y a gueres de Cabinets où l'on puisse trouver universellement toutes ces choses. Celui de Mrs. Septales à Milan, celui du P. Kircker à Rome & celui de Mr. Peiresc à Aix en Provence ont été des plus celebres, on a donné la description de celui de Ste. Genevieve avec les figures des principales Raretez, ainsi qu'on a dit ci-devant.

Des ramas de cette sorte ont fait donner le nom de Cabinets ou de Galeries à quelques Livres qui étoient

étoient composez de recueils, de Peintures, d'Inscriptions, d'Estampes, de Portraits & de diverses raretez.

Le Cavalier Marin a composé un Ouvrage sous le titre de *Galeria distinta in pitture e Sculture.* Il commence par les Tableaux ou Peinture des Fables peintes par les plus celébres Peintres d'Italie. *Girolamo Palma, Bernardo di Castello, Pietro malombra, Giovanni Valesio, Pietro Francesco Marazoni, Francesco Maria Vanni, Vintura Salim beni, Ferraüt Finzoni, Carlo Venitiano, Ludovico Civoli, Loüis Carrache, Freminet, Paul Rubens &c.*

Les Histoires Saintes, Judith avec la Tête d'Holoferne du Bronzin; David avec la Tête de Goliath du même, & une autre de Guidokeni: Abraham avec les trois Anges de Santo Tito, Loth avec ses Filles du Casolani, Tobie avec l'Ange de Raphaël d'Urbin, Adam & Eve du Passignan; les mêmes d'Albert Durer; Caim qui tuë son Frere du Cantarini, Samson qui tuë le Lion de Castello; Samson avec Dalila

Dalila de Jean Baptiste Paggi; Herodias avec la Tête de St. Jean Baptiste d'Annibal Carrache; la même de Lavinia Fontana & de Luca Cangiasi. La mort des Innocens du Guido Reni, le fils de la Veuve de Naïm de Paul Veronese. JESUS-CHRIST, à la Colonne de Luca Cangiasi, l'*Ecce Homo* du Cavalier Baglioni, St. Pierre pleurant du Pomaranche, le Bon Larron en croix de Jean Baptiste Paggi. St. François du Procaccin; S. Hierome de Cangiaso, St. Georges du Cavalier Gioseppin. St. Christophe de Castello, la Madona du Correge & de Contarini, la Tête du Sauveur du Correge; un Crucifix du Palme, Lazare resuscité de Cangiasi, le Martyre de Ste. Catherine de Contareni, St. Sebastien du Titien. St. Paul du même, la Decollation de saint Jean Baptiste du même, l'*Ecce Homo* de Raphaël, un Christ de Sebastien Del Piombo &c.

Suivent les Portraits de Moyse, David, Salomon, Josuë, Samson, Achille, Hector, Diomede, Paris, Enée, Alexandre, Epaminondas, Licurge,

curge, Romulus, Cesar, Brutus, Cassius, Pompée, Caton, Marc-Antoine, Mecenas, Tite, Annibal, Horace, Scevola qui semblent être des sujets choisis par le Poëte pour faire des vers puisqu'il ne fait mention d'aucun Peintre. A ces Anciens il a joint des Roys, des Empereurs, des Papes, des Sçavans & Gens de Lettres Anciens & plusieurs autres Hommes Illustres : des Peintres, des Sculpteurs, des Medecins, des Jurisconsultes, des Poëtes, des Dames, des Heroïnes, des Reines, enfin il finit par des Caprices.

Mr. de Scuderi à l'exemple du Cavalier Marin a donné un Cabinet de Peinture & de Sculpture avec des vers François pour chaque figure.

Le Sieur Florent le Comte Sculpteur & Peintre à Paris, publia il y a environ cinq ans, un Cabinet des singularitez d'Architecture, Peinture, Sculpture, & Graveure pour la connoissance des plus beaux Arts. Il parle d'abord de tous les anciens Bâtimens que nos Roys depuis Clovis firent construire, & plusieurs Illustres

lustres Prelats sous nos Roïs de la premiere & seconde Race. Il traite ensuite des plus fameux Architectes, des Peintres les plus celébres en tous les siecles. Il raporte les marques des plus habiles Graveurs d'Estampes, tant en bois qu'en cuivre, dont Mr. de Marolles Abbé de Villeloin, avoit donné un Livret quelques années auparavant. Il propose une Bibliotheque d'Estampes qui n'est pas assez en ordre, c'est cet ordre si necessaire à tous les Ouvrages instructifs qui manque à ce Livre, rempli d'ailleurs d'un tres-grand nombre de Curiositez, mais mal rangées & confuses en plusieurs de leurs explications.

Ily a plusieurs autres Cabinets de Medailles & de diverses Antiquitez décrites & expliquées. L'un des plus celébres pour les Medailles est celui de la Ville de Hambourg, à laquelle il fut laissé par Testament par George Luëder, qui l'avoit assemblé avec grand soin. Rodolfe Capell Professeur de Hambourg en a fait la description sous ce Titre.

Nummo-Phylacium Luëderianum,

antiquum & recentius, horis, curisque subcisivis in sciagraphia exhibitum & usui accommodatum à Rudolfo Capello S. Theol. D. & Hamburgensium Professore.

Il a mis à la tête de cette Description un sçavant Traité de Claude Chifflet Jurisconsulte & grand Antiquaire touchant les Medailles Romaines sous ces termes Magnifiques.

„ *Claudii Chiffletii Jurisconsulti &*
„ *Antiquarii antecentum annos celeberrimi, de Antiquo Nummo & præcipuè*
„ *Romano, Liber posthumus, continens*
„ *Cheiragogiam accuratissimam ad rem*
„ *Nummariam, potissimum veterem Romanam, hac tertia editione, parte quoque secunda & tertia auctus, eo fini*
„ *ut ad hanc regulam & stateram examinari, censeri & probari possit, Nummophylacium illud Luëderianum Hamburgense incredibili diligentiâ & sumptu comparatum & octiès mille & quingentis numm. Vett. & recentioribus*
„ *Hæbræis, Græcis, Romanis Selectissimis & optimis Aurr. Argg. æreis aliisque instructissimus.*

Le

Le Traité de Chifflet contient seize Chapitres.

CAPUT I.

De Pecuniæ, Nummi, Monetæ Vocabuli Ratione & Causis : & cur à pecore pecunia dicta, contra quam Plinio visum sit.

CAPUT II.

De Origine, Causis atque utilitate Nummi adinventi & à quo jure sit Nummus.

CAPUT III.

De Utilitate considerationis Veteris Numismatis.

CAPUT IV.

Quod Veterum & recentiorum nonnulli parum diligenter aut feliciter Nummis Antiquis usi sint.

CAPUT V.

De Ponderatis, Numeratis, Mensuratis Nummis, primis Numismatum Materiis & successione Metallorum.

CAPUT VI.

De Numismatis ærei primis signis, ac de rostratis & ratitis Nummis.

CAPUT VII.

De Argenteo Numismate, quando primum signatum & quibus signis, ubi de Bigatis, quadrigatis, serratis & subderatis Nummis.

CAPUT VIII.

Ante Servium Tullium Pop. Romanum ære signato usum fuisse, non rudi, ut Timæus voluit, declarantur aliquot Plinii & Dionysii loci.

CAPUT IX.

Populum Romanum argento signato quamvis peregrino usum initio fuisse; multò citius tamen Romæ signatum videri, quam Livius, Plinius, aliiquè voluerint.

CAPUT X.

De Aureo Numismate quando percussæ ejus formæ variæ.

CAPUT XI.

De Confusione auri, æris & argenti ; ac de incolctilibus, tinetis, nummis & aliis speciebus.

CAPUT XII.

De Nummis Electreis & duplici Electro Metallico, explicatus Lampridii locus in Heliogabalo. Emendata L. Pediculis de auro & Arg. Leg. & Julius Capitolinus in Pertinace restitutus.

CAPUT XIII.

De Nummis scorseis seu coriaceis, stanneis & plumbeis.

CAPUT XIV.

De Monetariis, Procuratoribus Monetæ, ac Præpositis Thesaurorum indicatus in notitia utriusque Imperii defectus.

CAPUT XV.

De Veteri more suscipiendæ pecuniæ è Publico erogatæ vindicatus Eumenii locus ; ac de veteri adorationis ritu.

CAPUT XVI.

De antiquorum Numiſmatum vi, ac poteſtate hodierna, an in iis ſit merx aut pretium? Explicatæ quædam Juris civilis quæſtiones.

Ce Traité du Sieur Chifflet eſt ſuivi d'un trés-ample Catalogue de pluſieurs Auteurs qui ont écrit des Medailles & des Antiquitez, de deſſein, ou par occaſion, en écrivant ſur d'autres matieres. Il ſeroit à ſouhaitter que l'on prit de pareils ſoins à l'égard de pluſieurs connoiſſances, ce qui ſeroit d'un grand ſecours pour ceux qui veulent approfondir certaines matieres, pour en prendre une connoiſſance parfaite.

Il y a quelques explications de Taliſmans principalement des Juifs avec des noms de Dieu & de quelques Anges & les figures des Planetes, & ce ſage avis, *Inepta & ſuperſtitioſa fugienda, nulla eſt quantitatis efficacia: Abſit credamus vim ineſſe talibus cælitùs infuſam ſingularem, vis illa non in re ſed hominum opinione & phantaſia quærenda eſt. Nobis enim Chriſtianis rejiciendæ*

rejiciendæ sunt, Judæorum & Gentilium superstitiones & vanitates. Absint amuleta, roboris, amoris, sanitatis, fortitudinis, felicitatis, & non tantum à collo nostro pendeat sed in corde sit maneatque Jesus ΘΕΑΝΘΡΩΠΟΣ.

Ce même Auteur donne de grandes connoissances de certains Ecrivains, qui ont traitté des matieres singulieres en fait d'Antiquitez, particulierement pour les Monnoyes.

Sur la fin du seiziéme siecle le sieur Elie Brac-Kenoffer l'un des Magistrats de Strasbourg avoit un Cabinet de raretez assez semblable à celui d'Olaus Worm décrit cy-devant. La Description de celui-cy fut imprimée à Strasbourg en 1577. in 4°. le même ordre y est observé qu'en celui de Worm. L'Auteur exhorte les Curieux à dresser plusieurs Cabinets semblables, pour l'utilité du Public, & pour retirer de la poussiere & de l'oubly une infinité de choses rares & curieuses qui perissent, étant dissipées.

Il y a des Palais, des Galeries, des Cabinets des Princes qui sont tres-celebres pour les Peintures, Raretez & Singularitez, tant de la Nature que des Arts. Comme la Galerie du Grand Duc de Toſcane, pluſieurs Palais des Princes & Seigneurs Romains, & de pluſieurs Cardinaux, pour les Tableaux, Statuës, Vaſes Antiques & autres Curioſitez. L'Antiquaire du Duc de Baviere en ſon Palais de Munick, le Cabinet des Pierres gravées, Statuës & Medailles du Prince Palatin décrit par L. Beger avec les figures.

Comme l'ordre & la methode ſont les voyes les plus aiſées pour s'inſtruire & pour apprendre ſolidement ce que l'on deſire de ſçavoir, & qu'il n'eſt point de Bibliotheque qui ne demande un arrangement de Livres ſelon les facultez, pour les trouver d'abord, quand on a beſoin de les conſulter, Il eſt important de marquer ici l'ordre que l'on tiendra pour rendre cette Bibliotheque inſtructive. Ainſi aprés cette diſpoſition generale des Matieres que l'on y veut traiter, qui vient d'être propoſée. Voici l'ordre que l'on tiendra dans les parties qui doivent la compoſer.

La seconde Partie qui suivra immediatement celle-ci qui n'en donne que le Plan general, exposera les manieres & les methodes differentes de s'instruire des Belles Lettres & des Beaux Arts & commencera par les Methodes Generales, & les addresses pour l'Etude de l'honnête Homme, qui consistent 1. A sçavoir lire comme il faut toute sorte de Livres, de quelque nature qu'ils soient. 2. A sçavoir remarquer dans les lectures ce que l'on desire de recueillir. 3. A sçavoir appliquer ces remarques aux desseins que l'on se propose pour s'en servir utilement en diverses occasions. 4. La Meditation, c'est-à-dire le moyen de se former à reflechir sur les choses que l'on lit, ce qui est proprement l'Art de penser. 5. Apprendre à mettre en œuvre ce qu'on aura pensé & ce qu'on aura recueilli 6. Se former à juger d'un Ouvrage & d'un Discours solidement pour en pouvoir dire son avis.

A ces moïens Généraux il en faut joindre d'autres qui sont 1. La Connoissance des Langues. 2. Les Voyages faits avec fruit & avec une connoissance de tout ce qu'on y peut remarquer. 3. Les Conferences avec les Personnes qui aîment à traiter dans les Conversations des Beaux Arts & de tout ce qui peut polir l'esprit, & satisfaire la curiosité pour les connoissances des Belles Lettres & des Beaux Arts. Ainsi en cette Bibliotheque on pourra donner des idées de quelques assemblées particulieres d'honnêtes gens, qui sans ériger des Academies, ce qui ne convient gueres qu'aux personnes qui font une profession publique de Science & de Litterature, s'assemblent de temps en temps chez quelques-uns de leurs amis, pour passer agreablement quelqus heures à s'entretenir de choses curieuses pour s'instruire entre eux de ce qui peut remplir leur esprit de choses honnêtes, ingenieuses & capables de fournir à quelques conversations spirituelles. Sur tout on fera attention à tout ce qui peut polir l'esprit des jeûnes gens, qui commencent à s'instruire des Beaux Arts pour se former & pour regler leurs Etudes.

Les

Les plus grandes & les plus riches Bibliotheques ne ſont pas publiques & ouvertes indifferemment à tous ceux qui voudroient en conſulter les Livres, ou les lire à loiſir. La pluſpart ne ſont vûës des Paſſans & des Voïageurs, que comme des Tableaux & des Peintures pour en admirer la beauté ſans en tirer d'autre avantage, que d'avoir repû leurs yeux d'un agréable ſpectacle durant une heure. Celle-cy ſera d'une plus grande utilité pour l'inſtruction de beaucoup de gens, qui n'ont ni les moïens, ni le tems de s'appliquer à de longues études. Elle leur ouvrira des voyes de pouſſer plus loin leur curioſité quand ils trouveront des indications de certaines choſes qu'ils ſoûhaitteront peut être d'approfondir ſur les connoiſſances legeres qu'on leur fournira & qui ſuffiront comme les Montres des Marchands pour leur apprendre où ils pourront trouver ce qu'ils ſeront bien aiſe de chercher s'ils ont du goût pour les Lettres & les Beaux Arts.

Aprés ces inſtructions generales

on traitera des moïens 1. De se servir des Livres d'usage. 2. Des Livres de Secours. 3. Des Livres d'Instruction pour les Arts que l'on desire d'apprendre ou de connoître. 4. Des Livres de Critique & de matieres controversées en fait de Litterature. Et comme entre tous les Arts que l'honnête Homme doit sçavoir, l'un des plus necessaires est de bien écrire & de bien parler, on traitera de la Grammaire raisonnée, qui est une espece de Grammaire Philosophique, laquelle est souvent ignorée de ceux qui font profession de bien écrire & de bien parler, parce qu'apprenant la Langue naturelle par usage & les Enfans n'apprenant que par routine les Grammaires Latine & Grecque dans les Colleges, on ne sçait presque jamais cette Grammaire raisonnée qui est une espece de Dialectique & l'un des plus Beaux Arts que les hommes ayent inventé. Il y en a deux especes, l'une generale & commune à toutes les Langues, qui est celle que l'on pretend donner, il y en a autant de particulieres qu'il y a de Langues differenferentes ; Grammaire Hebraïque , Grammaire Grecque , Grammaire Latine, Grammaire Françoise, Grammaire Italienne, Grammaire Espagnole &c.

Avant que de traiter de la maniere de lire les Livres on donnera un Traité Préliminaire pour l'intelligence de toutes les figures , Caracteres, Signes , Traits , Marques, Notes , & autres pareilles choses qui se rencontrent dans les Livres , signes qui font une Grammaire figurée & une espece de Grammaire que la plusspart voyent sans entendre , y en ayant cependant plus grand nombre pour l'instruction de ceux qui lisent que pour les Imprimeurs , Libraires & Relieurs à qui ces traits & ces signes servent de direction pour leur travail.

Ce sera là , la seconde partie de cette Bibliotheque aprés la quelle la troisiéme passera aux manieres & aux methodes particuliers de lire.

1. Les Historiens.
2. Les Poëtes.
3. Les Orateurs.
4. Les Livres de Morale &c.

Aprés

Aprés quoy on paſſera aux manieres de dire ſon avis en converſation ſur divers ſujets propoſez & l'on examinera les methodes de Raimond Lulle, du *Digeſtum ſapientiæ* & d'autres ſemblables Livres où l'on traite des moïens & des artifices de pouvoir parler ſur le champ ſur toutes ſortes de matieres. On traitera auſſi de tems en tems de certaines Queſtions Curieuſes ſur divers uſages du monde &c.

Enfin on s'étendra ſur tous les Beaux Arts en particulier.

1. La Peinture.
2. L'Achitecture.
3. La Sculpture.
4. Le Blaſon.
5. Les Deviſes.
6. Les Emblêmes.
7. Les Enygmes.
8. Les Hieroglyphiques.
9. Les Taliſmans.
10. Les Sceaux.
11. Les Types Metaliques des Monnoyes, Medailles, Jettons, Mereaux &c.
12. Les Inſcriptions Antiques & Modernes.

13. Les

13. Les Spectacles.
14. Les Jeux.
15. Les Decorations &c.

Suivant le succés que pourront avoir ces instructions, on pourra donner une *Rhetorique raisonnée* ou l'Art de persuader, avec les Caracteres differents de l'Eloquence des Egyptiens, des Juifs, des Grecs, des Latins, des François, des Italiens, des Espagnols, des Allemans &c. Et ceux de l'Eloquence, des Conversations, de la Chaire, du Barreau, des Negotiations & des discours d'appareil pour les Panegyriques, Oraisons Funebres, Harangues & Complimens aux Princes, Epîtres Dedicatoires &c.

2. Une *Poëtique raisonnée* ou l'Art des Fictions Poëtiques, avec tous les caracteres de la Poësie Epique Drammatique, Lyrique, Dogmatique, Dythirambique, Satyrique, Paraenetique, de l'Epigramme, du Sonnet, de l'Ode, de l'Idille, de la Poësie Sacrée, des Hymnes, Cantiques &c.

Pour ne pas s'écarter du dessein general

general de *Bibliotheque Instructive*, on donnera des Bibliotheques particulieres de chaque Art, dont on traitera ; c'est-à-dire une liste ou Catalogue de tous les Auteurs qui auront écrit de cet Art, directement ou indirectement, comme *la Bibliotheque du Blason*, qui contiendra tous les Auteurs qui ont Traité de cet Art, ou qui ont fait des ramas de recueils d'Armoiries, de Généalogies, de Preuves de Noblesse, de Sceaux &c.

La Bibliotheque des Devises de tous les Auteurs qui ont écrit en Latin, en François, en Italien & en Espagnol sur cette matiere, ou qui ont fait des Recueils des Devises, ou les ont expliquées.

On fera le même des Emblêmes, Hyeroglyphiques, Symboles, & autres images Emblêmatiques. Des Medailles, & Monnoyes, antiques & modernes. Des Auteurs qui ont Traité de la *Poëtique*, & de ses diverses parties, de l'*Art Historique* &c. Une Bibliotheque d'erudition, de tous ceux qui ont Traité, *de re Metallica, de re Vestiaria, de re Militari, de*

re

re Cibaria, de re Nummaria, de Circo, de Theatro, de Ludis, de re Agraria, & Hortensi, de Conviviis, De Spectaculis &c.

De la Musique, de la Peinture, de l'Architecture, des Vies des Peintres, des Statuaires, des Architectes, des Poëtes, &c.

Et comme ça toûjours été l'usage de placer dans les Bibliotheques publiques les Images, les Medailles, les Bustes & les statuës des Hommes Illustres de diverses Professions, mais principalement des Sçavans & des Gens de Lettres, avec des Eloges & des Inscriptions ; on donnera les *Vers*, qui paroissent de tems en tems sous les portraits des Grands Hommes, Princes, Prelats, Ministres, Magistrats, Officiers, Jurisconsultes, Medecins, Philosophes, Theologiens, Poëtes, Orateurs, Peintres, Architectes, Sculpteurs, & Gens habiles en divers Arts & facultés, comme aussi les Dedicaces des Livres faites en forme d'Inscriptions & de Monumens publics, telle qu'étoit la Dedicace, que Sebastien Cramoisy Directeur de l'Imprimerie

primerie Royale fit en 1655. de quelques Auteurs de l'Histoire Bizantine au Cardinal Mazarin.

Eminentissimo Principi S. R. E. Cardinali Mazarino.

Acerrimo Religionis Vindici,
Clypeo publicæ salutis impervio,
Post Antiquum Galliæ splendorem
restitutum.
Post magna belli præsidia
Operoso labore comparata,
Post Belgii Majorem partem
Ditioni Gallicæ subactam,
Reliquam pavore perculsam
& profligatam,
Parisios reduci;
Ne tantarum rerum immemor Videatur
Typographia
per quam expeditiones cæteræ
Posteritati propagantur,
Constantini Manassis
Breviarium Historicum,
Georgium Codinum
de Originibus
Constantinopolitanis
Aliosque
Historiæ Byzantinæ

Scrip-

Scriptores Additos;
Dat , Dicat , Consecrat ,
Regiæ Typographiæ
A XVI. annis Curator
Addictus , deditus
Sebastianus Cramoisy.
29. *Novembris.* 1655.

CAROLUS EMANUEL II.

Sabaudiæ Dux, Pedemon. Princeps , Cypri
Rex ,
Publicâ felicitate partâ singulorum com-
modis
Intentus, Breviorem securioremque viam
Regiam
A natura occlusam , Romanis intenta-
tam
Dejectis scopulorum repagulis ,
Æquatâ Montium iniquitate ,
Quæ Cervicibus imminebant præcipitia
pedibus substernens ,
Æternis populorum beneficiis patefecit.
Anno MDCLXX.

On donnera aussi de tems en tems des vestiges d'Antiquitez nouvellement decouvertes, des Medailles des Princes étrangers, mais principalecipalement celles qui ſe font pour les Gens de Lettres, & pour certaines perſonnes habiles dans les Beaux Arts & diſtinguées par quelque rare talent, Peintres, Sculpteurs, Architectes, Ingenieurs, celebres Profeſſeurs, comme auſſi de quelque Prelats, Abbez, Generaux d'Ordres, dont on pourroit faire un recueil curieux de plus de huit cens.

Pluſieurs Inſcriptions modernes d'Egliſes, de Palais, de Colleges, d'Academies, de Jardins, d'Arſenaux, de Bibliotheques, de Portes de Ville, de Citadelles, de premieres pierres des grands Edifices publics, des Epitaphes &c.

Les deviſes de Drapeaux de guerre, Etendars, Cornettes de Cavalerie, Tymbales, Echarpes de Trompettes &c.

Pour commencer par une queſtion, qui convient au ſujet de l'Etude de l'honnête Homme. On donne ici celle qui fut faite au tems qu'un Philoſophe de nos jours faiſoit des affiches publiques pour enſeigner aux Dames la Philoſophie, & fit ſur ce ce sujet quelques leçons publiques dans une célébre Abbaye, ou plusieurs Dames s'assembloient. Le sujet de cette question fut.

Si la conversation des Dames doit être sçavante. Elle fut addressée à un Abbé qui étant en societé d'Etude avec ces Dames qui faisoient profession d'apprendre la belle Philosophie, & qui soûtenoit qu'il n'y avoit rien de plus capable pour polir l'esprit de ces Dames que cette espece d'étude.

Question de Conversation.

Vous éstimez donc Cleanthe « que nôtre Siecle a beaucoup de « rapport à ces tems heureux qui « furent la gloire des Lettres, & le « Siecle d'or des Sciences, je vous « avouë qu'il y a bien à dire de la stupidité & de l'ignorance de quinze ou seize Regnes à la Politesse des huit derniers, & que celui-cy n'est pas moins le siecle des Muses, que celui des Victoires & de la Paix, mais j'aurois de la peine à consentir avec vous, que l'esprit & la subtilité des

des Dames eussent part à cette gloire, & j'ay plus de penchant au parti des Philosophes severes, qui n'ont jamais voulu communiquer à ce Sexe un avantage qui est le privilege du nôtre. Je sçai bien que cette severité soulevera contre moi beaucoup d'adversaires, & que s'il se trouve des braves, qui vengent les injures que l'on fait à la plus belle moitié du monde, les Idolâtres de ces Divinitez me traiteront de Sacrilege & me feront servir de victime au ressentiment de leurs Déesses outragées; neanmoins, Cleanthe, quelque rude & quelque austere que soit ma Philosophie, elle est raisonnable, & je ne fais que suivre les sentimens d'un sage inspiré, qui a fait le Tableau le plus juste & le plus achevé des Dames, sans y mêler ces couleurs étrangeres & ces artifices inutiles. La plus éclairée des Republiques à rendu des honneurs publics aux Dames industrieuses, mais il n'en est point de Sçavantes à qui le Senat ait fait dresser des Statuës ou des Autels.

En effet, Cleanthe, si nous remontons

tons jusqu'à l'origine de l'Homme, nous verrons la difference qui se trouve entre les deux Sexes. Dieu imprima son esprit au nôtre en soufflant sur l'Image d'Argile que ses mains sçavantes avoient formée, il le fit esprit dans un corps par la communication de ce souffle, qui fut la semence feconde des productions de l'intelligence : au contraire il forma la femme d'un os, & fit le Sexe le plus foible de la partie la plus dure du corps de l'Homme, il ne se servit ni du Sang, ni du Cerveau, & ne mêla rien à son Ouvrage des substances qui servent au courage & à l'esprit, & quoyque l'Os qu'il emploïa à son operation fut des plus proches du cœur, il ne lui communiqua rien de la vigueur du feu liquide qui s'allume dans ce reservoir des esprits. Ce fut même durant le sommeil de l'Homme qu'il fit cette transformation, & durant l'assoupissement de toutes les facutez de l'Ame raisonnable. Aussi semble-t-il, Cleanthe, que le Sexe n'a rien de cette Ame que les operations vagues & détachées de l'Imagination qui étoit

étoit ſeule en action, quand Dieu forma la premiere des Femmes de la côte du premier Homme.

Je vous vois diſpoſé, Cleanthe, à prendre parti contre moy, & ſans attendre que j'allegue les loix des Republiques les plus ſages du Monde, & les Oracles de la Morale la plus juſte, vos yeux font déja l'office de vôtre langue, & vous employez contre moy cette éloquence qui eſt ſi ordinaire au Sexe & ſi perſuaſive pour ceux qui ont l'Ame tendre & ſenſible. Vous allez me produire une foule d'Heroïnes Sçavantes & de Dames inſtruites & diſciplinées, vous m'éblouïrez de la pompe des Imperatrices Grecques, & vous n'oublirez ni la Mere des Gracques, ni la Maîtreſſe de Socrate, vous paſſerez de la Sageſſe Païenne à la Juifve, & à la Chrêtienne, & vous allez dreſſer une galerie aux Femmes Sçavantes, auſſi vaſte & auſſi ſuperbe, que celle qu'on a dreſſée avec tant d'éclat à la vertu des Femmes fortes.

C'eſt un torrent, Cleanthe, que vous pretendez m'oppoſer, il fait beau, beaucoup de bruit, il roule avec impetuosité ; mais c'est un torrent , je veux dire que vous serés bien-tôt au bout de ce magnifique denombrement. Nous ne sommes plus au tems des Eudoxes, & des Pulcheries. Les Paules & les Melanies sont des exemples surannez: & j'oserois dire, à voir les restes des montagnes & des rivieres qui font tant de bruit dans les Livres des Grecs & des Romains, que les Aspasies, & les Amalasonthes ont été des Tableaux flattez. Il en est de ces Dames Sçavantes comme des Villages d'Espagne, & des Cabanes du Canada , qui sont toutes marquées sur la Carte pour être rares ; au lieu que d'assez grandes Villes ont peine d'y être reduites & en Atomes dans les Cartes des Païs plus habitez.

Croïez-moy, Cleanthe, ce ne fut pas sans mystere, que les premiers Peintres du Monde representerent les Muses & les Sciences en Femmes: ils voulurent donner cet avantage au Sexe de le faire Sçavant en peinture, puis qu'il ne pouvoit pas l'être en effet, & nous voulurent enseigner que les Dames ne peuvent passer pour disciplinées qu'à la maniere des êtres separez, qui ne subsistent qu'en idées. Une Dame Sçavante n'est pas du commerce ordinaire du Monde, & celles dont St. Jerôme a fait l'Eloge, étoient des Dames retirées, & de celébres Recluses qui ne s'entretenoient jamais qu'avec Dieu ou avec leurs Livres. La coûtume & la bienséance permettent aux autres de porter leurs Ouvrages en la conversation, comme si leur entretien étoit une espéce d'oisiveté. Cete coûtume ne nous est pas commune avec elles, & l'on n'a jamais vû un Homme prendre la palette & le pinceau pour s'entretenir avec ceux qui lui font visite, comme nos Dames prennent l'éguille & le carreau dans leurs conversations ordinaires. Ce sont celles-là, Cleanthe, que nous avons sujet d'appeller sages, puisque les Saintes Lettres leur ont donné le nom de Fortes & de Genereuses. C'est le soin de leur domestique, & leurs ouvrages de Laine & de Lin, qui les rendent recommandables.

Les vaillantes & les Lettrées sont des miracles, ou des prodiges de l'Histoire ; à peine en voit-on une, ou deux dans un siécle. Rome qui eut tant de Dames Illustres, ne nous les represente ni Philosophes, ni Politiques. La Mere des Gracques fut eloquente, c'est un avantage de la nature, qui ne demande ni lecture ni instruction ; elle fut élegante en ses discours & pure en sa diction : c'étoit un privilege de sa naissance, & de sa condition, qui l'ayant tirée de la commune du peuple, lui avoit inspiré les grands sentimens & les belles expressions, qui sont l'appanage des Grands.

Je ne demande pas, Cléanthe, que l'entretien des Dames soit barbare & sans ornement ; j'ay peine à souffrir cette liberté des Provinces où le Langage du peuple a passé jusque dans les Cercles, & il seroit à souhaiter que nôtre siécle eut l'avantage de celui des premiers Empereurs, où les Esclaves parloient aussi purement, que leurs maîtres. C'est la Barbarie des Goths qui a corrompu les Langues les plus pures de l'Europe, & avant ce mélange elles étoient bien differentes dans les Republiques; mais les expressions y étoient toutes d'un même ordre, & l'on voyoit souvent des Affranchis qui parloient plus élegamment que ceux qui remplissoient les premieres Charges du Monde.

Ainsi vous voyez, Cléanthe, que ce n'est pas la pureté du discours que je condamne dans le sexe, puisque la nature ne semble lui avoir donné une inclination plus grande à parler qu'elle n'a fait aux hommes, que pour nous apprendre qu'elles ont droit de polir ce que la nature leur a donné si liberalement. Je veux seulement soutenir qu'elles ne doivent pas faire paroître dans les cercles, ny faire entrer dans leurs entretiens, ces Connoissances recherchées & ces Etudes severes, qui n'aîment que le Cabinet. La Philosophie, Cléanthe, est une Dame qui n'a rien de la Politesse des nôtres; c'est une ridée & une rêveuse, qui n'a point le goût des douceurs, n'y l'air de la conversation. Un Ancien nous à même voulu persuader, qu'elle n'avoit de com-

commerce qu'avec les Ombres, & que la meditation de la mort faisoit son entretien ordinaire. Elle parle peu, & ne s'explique presque jamais que par Maximes & par Aphorismes; au lieu que nos Dames se plaisent infiniment à parler. Cependant, c'est cette Solitaire, Cléanthe, que l'on veut mettre aujourd'huy dans le grand monde, elle court les ruës par affiches & l'on voit dans les Carrefours, des Ecoles ouvertes aux Dames, sous des promesses specieuses & des titres ambitieux.

Vous me direz peut être que vous ne voulez pas qu'elles s'attachent à cette Doctrine épineuse, qui a fait naître les contestations ennuyeuses & chagrines des Academies. Que ce leur est assez de raisonner, sans ajoûter à leurs raisonnemens les subtilitez de la Métaphisique, mais qu'il faudroit être tout-a-fait injuste pour leur ôter l'étude de la Morale & l'entretien des choses qui servent à regler la vie.

Ne pensez pas, Cléanthe, que ce retranchement vous mette à couvert de mes attaques. L'usage qui ôte aux Dames le Gouvernement des Villes & l'Administration des Republiques, leur a ôté cette Morale dominante qui se mêle d'instruire & de definir.

Leur vie doit être reglée, mais elle le doit être sur les Maximes qu'elles reçoivent & non sur celles qu'elles donnent. L'Eglise ne leur a pas même permis l'approche de ses Autels, ni l'usage de ses Cerémonies, & celle qui leur donne la pieté pour appanage, ne leur a confié ni les Loix, ni les Jugemens. Elles se doivent taire dans la Morale Chrêtienne, & l'exemple de leur vie est la seule voye qu'on leur a laissée pour persuader la vertu, & pour instruire les autres. Les Cloîtres leur sont des retraites, & non pas des Ecoles: l'Epoux y parle à ses Epouses choisies, mais il ne veut d'elles que l'attention, & celui qui destina un Prophete à être sa voix, ne demande d'elles que le silence.

Disons-le encore une fois, Cléanthe, la Nature à partagé ses biens dès le Commencement du Monde, & celle qui a donné la force aux

Lyons,

Lyons, le vol aux Aigles, & l'harmonie aux Rossignols, a donné à l'Homme les avantages de l'Esprit & à la femme ceux du Corps. La beauté qui leur acquiert tant d'Esclaves & qui leur donne une espéce de Roïauté qu'elles changent en Tirannie, nous apprend assez que leur Empire seroit insupportable, s'il s'étendoit sur les biens de l'esprit & sur les êtres intellectuels, comme il regne absolument sur l'inclination des Hommes les plus libres. Laissons les donc êtres paisibles Souveraines dans les Terres de Tendre, sur les Etats de complaisance, & dans tous les païs de nouvelle decouverte : mais avoüons que la nature ne fut jamais plus sage qu'en leur ôtant l'Empire des Lettres. Avec quelle fierté les verroit-on parler dans les Cercles, si elles avoient la doctrine de ces Sages, qui furent si modestes & que nous connoissons quasi plus par leur silence que par leurs écrits ?

Quelles seroient les Bibliotheques asses vastes pour leurs productions, si leurs plûmes étoient aussi parleuſes que leurs Langues, & ſi les Academies leur étoient ouvertes?

Si vous voulez ſçavoir quels deſordres ont cauſé les entretiens de ces Sçavantes pretenduës, conſultez ces temps broüillez, où l'hereſie partagea les Villes & les Provinces entieres, & vous verrez que ce furent des converſations de cette ſorte qui ſemérent l'erreur. Je voudrois, Cléanthe, que vous euſſiez été le témoin de ces entretiens dangereux; vous auriez oüi des Prudes en apparence & des Pretieuſes de reforme, qui ne parloient que S. Paul & St. Auguſtin; la Matiere de la Grace & les Ecueils des premiers Peres de l'Egliſe, étoient les douceurs des Alcoves & des Ruelles en ces temps de conteſtations. Jamais Concile ne fut deciſif, comme l'étoient ces Aſſemblées, & ſans vous faire remonter juſqu'à ces ſiécles reculez, nous en avons vû de nos jours, parler avec autant de fermeté que les Athanaſes & les Beſſarions, qui furent de leur temps les appuis de la bonne cauſe.

Oüi, Cleanthe, il s'en trouve encore de ces Heroïnes de Cercles qui parlent

parlent en Oracles de l'Eglise, & j'en sçai qui parlent plus souvent du Livre de la Cité de Dieu, & de l'Apologetique de Tertulien, que de la Guipure & du point de Raguse, ne vous semble t-il pas que de semblables entretiens sont fort utiles au Public, & que l'on a tort d'exclurre des Universitez des Têtes si Sages & des Esprits si Eminens ?

Vous avez de la peine à vous tenir dans le serieux sur ce recit, & vous condamnez de la pensée, une audace de cette sorte ; mais vous m'opposez aussi sans doute, que s'il n'est pas permis aux Dames de s'approcher du Sanctuaire, elles ne doivent pas être chassées du Temple des Muses, ni de l'Entrée du Parnasse. Si l'on n'a pas vû le Sexe tenir rang dans les Conciles, la Gréce a eu d'autres Muses, que celles à qui elle dressa des Autels : on a vû des Sybilles aussi bien que des Amazones, & Sappho qui fut si celébre de son temps, a donné son nom à plus d'une Illustre en ce siécle si glorieux à la pompe des Belles Lettres. La France n'est pas moins heureuse que

Gréce en ce dernier point, & les Muſes de Paris ne ſont gueres moins de bruit que celles d'Athenes & de Conſtantinople.

Il eſt vray, Cléanthe, que ce Sexe étant né pour les fictions, a de grandes diſpoſitions à la Poëſie, & que ſon naturel biſarre a du rapport à l'Entouſiaſme & à cette fureur ſacrée qui inſpira les grands Poëtes, mais conſiderez auſſi que les vers demandent la retraite & le repos, & que Sapho, ni Proba Falconia ne furent pas inſpirées dans la converſation; que les Sybilles ne furent jamais emuës dans le Cercle, & que les Muſes ont plus fait de vers à l'Ombre des Myrthes & des Lauriers que dans les Alcoves & les Ruelles.

J'en ay trouvé qui n'ayant pas l'eſprit tourné à ces ſortes de choſes ſoûtenoient avec chaleur qu'il n'étoit rien de plus propre pour l'entretien que l'Hiſtoire de tous les ſiécles & les Deſcriptions des Païs découverts depuis peu d'années. Que la premiere étoit l'Ecole de la belle Morale, & qu'on y aprenoit en exem-

exemples à regler ses actions & sa conduite. Que les autres étoient d'agréables delassemens que l'on y trouvoit cette admirable diversité qui remplit l'imagination, jointe à la nouveauté qui cause le plaisir & qui irrite l'appetit d'apprendre & de sçavoir. Mais qu'elles pensez-vous que fussent ces grandes sources de Morale où elles me vouloient persuader que toute la Politique du Monde s'étoit raffinée ; c'étoient les Isles inaccessibles de Polexandre, la Place de Vivaramble de Grenade, & le Chateau de Bajazeth : Artamene, Almatride, Cassandre & Clelie étoient les grands originaux de ces Vertus incomparables, qui devoient servir de modeles à toutes les Ames Illustres. L'une debitoit les Maximes de Mandane, & les Oracles d'Isabelle, avec autant de gravité que Numa en donnant ses loix sur l'autorité d'Egerie. Une autre jugeant des mœurs des Turcs & des Grenadins par les Descriptions ingenieuses & chimeriques du Palais de Solyman & des Carrousels des Zegris & des Abencerrages, blamoit l'avarice ou la ſtupidité des François,qui ne dreſſoient point de ſemblables Palais,& ne faiſoient plus de pareilles magnificences en faveur de leurs Maîtreſſes. Voilà le fruit de ces Entretiens ſçavans qui paſſent pour des leçons de Morale.

Les Relations qui nous viennent des Terres étrangeres, ne cauſent pas de moindres dereglemens dans leurs eſprits, elles ſont dans l'inquiétude aprés ces agréables delaſſemens, & il s'en faut peu que l'on ne voye des Amazones deguiſées en Paladins, pour aller voir ces Terres reculées, où la nature fait tant de Miracles & produit tant de raretez. Le panchant qu'elles ont à la curioſité, leur fait naître le deſir de voyager,& il en eſt, qui aimeroient mieux voir les Perles dans leurs nacres, que dans leurs Caſſettes, & les Diamans bruts de l'Inde, que les Bijoux le plus nets & les Pierreries les plus riches de leurs Cabinets.

Que ſi vous voulez Cléanthe, qu'au lieu de ces vaines idées, & de ces ſonges ingenieux; elles faſſent leur entretien de l'Hiſtoire verita-

ble;

ble ; quel profit tireront-elles du recit de tant de combats, qui sont les plus beaux événemens de tous les siécles ? Que produiront dans leurs esprits les Reflexions de Tacite, les Maximes de Xenophon & la Pompe de Thucydide ? & si elles joignent à ces discours la description de la Carte, & les disputes de la Chronologie, leur conversation ne sera-t-elle pas spirituelle & charmante ?

Je fus, Cleanthe, il n'y a pas longtems, d'un entretien de cette sorte, plus par necessité que par choix : je rendois mes civilitez à une Illustre, chez qui ces Conversations sçavantes se tenoient. J'y vis une de ces Jeunes Prudes avec une Mappemonde en main, son busc lui servoit de baguette à faire leçon sur la Carte à une Troupe de Précieuses, elle en parcouroit tous les cercles avec un jargon assez barbare qui ne faisoit neanmoins aucune impression rude sur ces oreilles instruites & accoutumées à ce langage. On y repeta cent fois les noms de Zenith & d'Almucantara, d'Antisciens & de Perisciens, tandis que ces belles sçavantes ſe murmuroient à l'oreille de petits mots auſſi bizarres que ceux-là. Je vous laiſſe maintenant juger du fruit que je pû tirer d'une converſation ſi galante & ſi profitable.

Pour les Langues, Cléanthe, elles en ont déja trop d'une, & nous aurions à craindre une confuſion plus grande que celle qui fit ceſſer l'Ouvrage le plus hardi du monde, ſi nous leur permettions l'uſage de pluſieurs. Elles peuvent polir la leur, & joindre cet ornement à ceux qui ſervent à les parer. Laiſſons leur donc les Perles & les Pierreries, & donnons leur toutes les profuſions du Luxe, pourvû qu'elles nous laiſſent les avantages de l'eſprit & toute la pompe des Lettres.

Leurs converſations peuvent être des ſoins de l'économie, ou des exercices de pieté, qui ſont les deux partages que la nature & la grace ont fait à leur condition. Elles peuvent même ſi vous voulez, être les arbitres des modes, & s'entretenir des évenemens journaliers qui font l'Hiſtoire de nos tems. Je dis des grands évenemens, car je ne voudrois

drois pas, Cléanthe, que leurs assemblées fussent des convocations de Parlement où l'on juge de la vie & des mœurs des hommes. Elles prononcent trop facilement en ces sortes de choses, & leurs censures sont souvent trop libres en ces Conseils privez, & en ces cercles de justice, où la passion instruit les procez & decide toutes les causes.

Il en est, Cléanthe, de ces justes conversations & de ces assemblées raisonnables dans plusieurs villes. Mais il en est encore de plus utiles. J'ay vû de ces compagnies de pieté, où les Dames s'entretenoient des moyens de soulager les pauvres & de pourvoir à leurs necessitez. On y traite encore aujourd'huy des addresses innocentes, & des artifices de la vertu à bannir le vice des Villes, on y rend compte des victimes du crime, que l'on à retirées de la debauche, on y fait montre des conquêtes avantageuses de la Foi & des ames gagnées à Dieu. Ce sont-là de belles & de saintes conversations, elles sont dignes de la pieté du Sexe, & les cercles de plusieurs Princesses celecelébres, ont été autrefois de cette ſorte. On y a ſouvent pris le ſoin des Autels & des Egliſes abandonnées & leurs mains accoûtumées à revêtir Jesus-Christ, dans ſes membres, ont revétu les Tabernacles. C'eſt là la Science des Dames; c'eſt là leur Philoſophie, Cléanthe, & vous m'avouërez ſans doute que de ſemblables converſations valent mieux que les ſotiſes des precieuſes; qui ne s'entretiennent que d'une Morale guindée & des Diſciplines abſtraites dont elles n'entendent pas les termes & quelques étudiées que ſoient leurs grimaces avec leſquelles elles ont coutume de prononcer, je ne penſe pas, que vous ſoyez fort perſuadé de la ſubtilité de leur eſprit, ni qu'aprés le debit de ces notions détachées & de ces paroles abſtraites, prononcées en foule & en deſordre, dans un entretien de pluſieurs heures, vous jugies que nôtre ſiécle eſt heureux d'avoir des Dames philoſophes, & des Heroïnes ſçavantes.

Voici deux Medailles expliquées par quelques vers, qui furent preſentées

MEDAILLE
Presentée au Roi le jour de la Feste de S.t LOÜIS l'An 1703. la LXIV. de son âge.

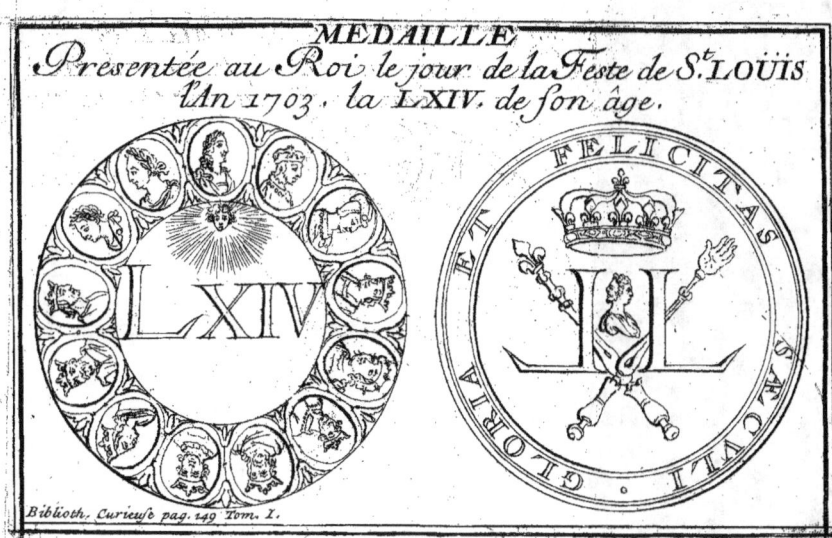

Biblioth. Curieuse pag. 149 Tom. I.

fen
la f
l'a
pa
ay
me
de

re
da
l'o
X
en
la
po
da
m
q
en
p
il
L
n
t
d

Curi
à sa
le sa
le pr
e Da
e tal
n m
Meda
voit
enté
n cer
récéd
repre
ne te
niere
o. q
es C
items
, ma
nos
er Ro
e pre
ou H
it Cl
ces v

nd Roi
oüis
dent
OU

sentées à sa Majesté, l'une le jour de la fête de saint Loüis, l'an 1703. & l'autre le premier jour de l'an 1704. par une Dame fort spirituelle qui ayant le talent de peindre agreablement en mignature avoit peint ces deux Medailles.

On voit en la premiere, le Roy representé par le Soleil de sa devise dans un cercle des treize Loüis qui l'ont précédé. Son Chiffre de Loüis XIV. representé L. XIV. marquoit en même tems son âge, en prenant la premiere lettre du nom de Loüis pour 50. que cette lettre marque dans les Chiffres Romains. Et en même tems ce nombre de soixante quatre, marquoit le rang qu'il tient entre nos Roys depuis Clovis le premier Roy tres-Chrétien, comme il fut le premier qui porta le nom de Loüis ou HLOVIS, que l'on prononçoit Clovis à cause de l'aspiration, ces vers expliquoient la Medaille.

Grand Roi dont les vertus & les faits inoüis
Rendent si glorieux le beau nom de LOUIS,

En

En ce jour ſolemnel que la France revere,
De vôtre Auguſte nom apprenez le myſtere,
Soixante quatre Roys depuis LOUIS le Grand,
N'ont d'éclat, que l'éclat que vôtre nom leur rend.
Ils revivent en vous, malgré les deſtinées
En ce chiffre nouveau qui marque vos années,
Et d'un Regne ſi long les ſuccés glorieux
Laiſſent bien loin de vous ces Illuſtres Ayeux.
Puiſſiez-vous pour leur gloire, autant que pour la vôtre
Au Chiffre de ce nom, en ajoûter un autre
Un ſiécle composé d'un nouveau Chiffre encor
Ne peut être pour nous qu'un autre ſiécle d'Or.

La ſeconde Médaille repreſentoit Janus à deux viſages comme toute l'antiquité la toûjours repreſenté, parceque'il regardoit également le paſsé & le present, ce qui fit donner aux portes des maisons, le nom de ce Dieu *Janua, a Jano*, parceque les portes ont ordinairement deux faces, l'une au dedans, l'autre au dehors, principalement les portes triomphales en forme d'arcs & de portiques qu'on devoit à la gloire des Victorieux, au retour de leurs belles actions.

La tête de ce Dieu qui preside au mois de Janvier qui est la porte des années nouvelles, étoit entre deux chiffres du nom de sa Majesté, l'un tourné à droite pour marquer le tems passé & l'autre à gauche pour le tems à venir. Ces deux L L. faisoient le nombre de cent qui est celui du siecle & marquoient la disposition du Regne du Roi, qui s'étend du dix-septiéme siecle au dix-huitiéme commencé depuis quatre ans, & la Legende disoit, que le Roy faisoit la gloire & la felicité de son siecle par un Regne si long & si glorieux *Gloria & felicitas sæculi.* Ce qui étoit encore mieux expliqué par les vers suivans.

Le Dieu qui tous les ans renouvelle le monde
Comme l'arbitre des humains.
Dont il semble tenir le sort entre ses mains
Admire de LOUIS *la sagesse profonde.*
Quelque part qu'il tourne les yeux,
Il ne voit qu'exploits glorieux,
Qui font à ses sujets d'heureuses destinées.
Il n'est point de Heros qui n'en soit effacé.
Que peut-on souhaiter pour ses longues années
Sinon que l'avenir soit comme le passé.

Voici un Madrigal sur le Mardi gras passé, presenté à une personne de qualité de la Cour.

MADRIGAL.

Il faut à la fin que tout passe,
Ce sont des jours comptez les immuables loix :
Le Carnaval est aux abbois
Le Carême à minuit viendra prendre sa place.
Ainsi passent nos jours en une longue nuit,

Re-

Recueillons-en du moins ce fruit,
Qu'il nous faut mourir pour revivre ;
Que le plaisir est d'un moment,
Et que ceux qui le veulent suivre,
Trouveront tôt ou tard un triste monument.
Il nous y faudra tous descendre,
On y voit & couronne, & pourpre & Cordon bleu,
Et si le Mardy gras vous faites si grand feu,
Que vous restera t-il demain qu'un peu de cendre?

INSCRIPTIONS EN VERS pour diverses Statues, portraits, Medailles & figures des Grands Hommes.

I.

Pour la Statuë Equestre du Roi de la Place des Conquêtes.

En ce Chef d'œuvre de sculpture
LOUIS a d'un Heros le port & le Regard,
Et Girardon a fait un miracle de l'Art
du Miracle de la Nature.

II.

II.

Pour le Portrait de Mr. Girardon Premier Sculpteur du Roi.

Celui qui prit le feu du Celeste flambeau,
Pour animer une Image d'Argile,
Avec ce feu divin, fit-il rien d'aussi beau;
Que ce fameux Sculpteur dont la main plus habile
Sçait rendre le Marbre docile
Et l'animer du feu qui sort de son Ciseau.

Voici deux autres Inscriptions assez singulieres & qui meritent d'être conservées.

L'une est d'un Traité d'Hippostologie de Jean Heroard Conseiller Medecin ordinaire du Roi Henri III. par ordre de qui il avoit composé, ce Traité des Os du Cheval.

Memoriæ PP. Optimi Principis Perpetuæ.

Avitæ, Paternæ, atque Fraternæ in Litterariam Rempublicam Benevolentiæ Sin-

Singularis & perpetui amoris Hæres
HENRICUS III. *Rex Christianissimus,*
Ac Gallicus-Polonicus.
Dùm ea quæ à Majoribus Imperfecta
Et inchoata derelicta sunt,
Regio Constantique animo perficit,
ac temporum injuriis diruta restaurat,
Labefactata restituit.
Primus omnium
Antiquiss: Nobiliss: Utiliss. Artem
Hippiatricen
Post tot sæculorum Memoriam
Ignorantiæ tenebris obscuratam
Inertiæ situ Squallentem,
In Pristinam lucem revocavit,
Ac in ordinem redigi Imperavit
Ad usum publicum:
Curantibus Marco Mironio
Et Alexide Gaudinio
Regis & Reginæ Archiatris
Rem instruente
Jano Heroardo Montipolitano.
Q. H. N. P.

La seconde est de Jean Baptiste Ferreti qui l'an 1672. Dedia a Monseigneur le Dauphin les Muses Lapidaires, c'est-à-dire les Inscriptions ancienes en vers sous ce titre *MU-*

SÆ-

S. Æ LAPIDARIÆ, antiquorum in marmoribus Carmina, seu Deorum Donaria, hominumque illustrium monumenta obliterata & deperdita Epitaphia, cum rerum perpetratarum publicis incisis lapidibus, quibus templorum æra, votiva in tabellis, Iconum stylobatæ, Mortuorum sepulcra, facinorumque diaglyphica notata insunt, visa in urnis, vasculis, loculis, lucernis, columnis, obeliscis, plumbeis laminis, tabulisque æneis signo carminum &c.

Authore Joanne Baptista Ferretio Cassinensi, Veronæ.

Voici la Dedicace en forme d'Inscription.

Sacrant Musæ
Maximo Juventutis Principi
Delphino Francico
Ludovico Borbonio
Ludovici XIV. Galliarum Nauvarrensiumque
Regis Christianissimi, Invictissimique
Filio
Monarchicum Imperium felicitatemque pronuntiat perpetuam.
Devotus numini, magestatique ejus.
D. N. M. Q. E.

Joannes

Joannes Baptista Ferretius.
Musarum Collegia, suum in Apollinem proclamant te Numen.

Celle que le sieur Naudé avoit faite pour la BibliothequeMazarine, qui devoit être publique & ouverte certains jours de la semaine, merite aussi d'être conservée.

Ludovico XIV.
Feliciter Imperante
Anna Austriaca
Castrorum matre Augustissima
Regnum sapienter Moderante,
Julius S. R. E. Cardinalis Mazarinus
Utrique Consiliorum Minister acceptissimus
Bibliothecam hanc
omnium linguarum, artium, scientiarum
Libris instructissimam,
Urbis splendori
Galliarum ornamento,
Disciplinarum incremento
Lubens volens
D. D. D.
Publicè patere voluit,
Censu perpetuo dotavit,
Posteritati commendavit.
MDCXLVIII.

Les desordres des guerres civiles qui suivirent cette disposition, en empêcherent l'exécution ; les Livres ayant été vendus & dissipés, dont plusieurs eurent peine à être retirés de cette dissipation.

Sous un portrait de Monseigneur aprés sa premiere Campagne.

Digne Fils du plus grand des Rois
Marchez sur les pas de ce Pere,
Vous avez fait dés la premiere fois ;
Tout ce qu'un Heros pouvoit faire.

Ludovicus Galliarum Delphinus.
Princeps Juventutis,
Dignus Parente Filius
Felix Pater.
Hostium terror, Militum Fiducia,
Galliæ spes & decus.

Sur la prise de quatorze places d'Allemagne en cette Campagne de Monseigneur.

En ces premiers essais à voir ce que vous faites,
Prince, toute la France dit,

Ques-

Que pour fournir a vos conquêtes
Le Monde sera trop petit.

Sous le portrait de Madame la Dauphine.

Fiere du Noble Sang qui couloit dans mes Veines
J'épousai le Dauphin de l'Empire François
Et morte avant que d'être admise entre les Reines
Je laissai trois enfans tous dignes d'être Rois.

Pour le feu Roi d'Angleterre.

Ce Roi dont le merite éclate chaque jour
Par un grand nombre de Miracles,
Nous annonce par ces Oracles
Le rang qu'il tient en la Celeste Cour.

Pour la Reine son Espouse.

Epouse d'un grand Roi, dont je fus la moitié,
En partageant son cœur, son Trône & sa personne,

Je n'attens plus de lui pour gage d'amitié
Si non de partager la Celeste Couronne.

Pour le Jeune Roi d'Angleterre.

Quoique né pour le Trône & pour donner la Loi
Je suis comme exilé par un peuple rebelle,
Mais le Dieu que je sers, pour gage de ma foi,
En donnant à Mon Pere une gloire éternelle
M'est garant des honneurs où sa grace m'appelle
par la protection que me donne un grand Roi.

Pour la Jeune Princesse d'Angleterre

Vôtre vertu Princesse, & vôtre Illustre Sang
Doivent vous procurer une auguste alliance,
Si tout est dû par l'un au sort de la naissance
Vous sçaurez bien par l'autre en soûtenir le rang.

Pour

Pour Mr. le Duc de Vendôme aprés sa premiere Campagne d'Italie.

Où Jadis Annibal a battu les Romains
Vandôme plus vaillant que ce Prince & plus sage
Bientôt ne va laisser au parti des Germains
Qu'une fuite honteuse, ou la mort pour partage.

Fin du premier Tome.

TABLE

Du Tome premier de la Bibliotheque curieuse & instructive.

TABLE.

Fin de la Table du Tome I.

EXTRAIT DU PRIVILEGE de *S. A. S. Monseigneur Prince Souverain de Dombes.*

PAR Grace & Privilege de S. A. S. Monseigneur Prince Souverain de Dombes, donné à Versailles le vingt-sixiéme jour de Juin 1699. Signé par le Prince, & sur le repli, par Monseigneur, DE MALEZIEU Chancelier de Dombes. Il est permis à J. B. Libraire, ou à ses ayans cause, d'être seul Imprimeur & Libraire dans toute la Souveraineté de Dombes, pendant trente années consécutives, à compter du jour & datte des Présentes, avec défenses à tous autres de vendre, imprimer, ni relier aucuns Livres dans toute ladite Souveraineté, sans le consentement de l'Exposant ou ses ayant cause, sur les peines portées en l'Original dudit Privilege.

Ledit sieur J. B. a cedé le present Privilege à Estienne Ganeau, pour en joüir en son lieu & place dans toute son étenduë, suivant les conventions faites entr'eux. A Paris le 11. *Août* 1699.

APPROBATION de Monsieur l'Abbé Bosquillon, de l'Academie Royale de Soissons.

J'Ay lû par ordre de S. A. S. Monseigneur le Prince Souverain de Dombes, un Manuscrit intitulé: *Bibliotheque curieuse & instructive de divers Ouvrages anciens & modernes de Litterature & des Arts, ouverte pour les personnes qui aiment les Lettres, Tome premier & Tome second:* Et n'y ai rien trouvé qui en doive empêcher l'impression. Fait à Paris le 3. Mars 1704.

BOSQUILLON.

Errata du Tome premier.

PAge 60. *ligne* 15. Macarons, *lisez* Mascarons.

Pag. 99. Plantes Ezoliques, *lis.* Exotiques, *c'est à dire* étrangeres.

Pag. 104. Ouvrages de Four, *lis.* de Tour.

Pag. 106. *Vintura Salim beni*, lis. *Ventura Salimbeni.*

Ibid. Guidokeni, *lis.* Guido Reni.

Pag. 127. C'est par erreur que l'on a inseré en cet endroit l'inscription du pas des échelles pour le nouveau chemin que le feu Duc de Savoye avoit fait du Pont de Beauvoisin à Chambery; elle est du Comte Tesoro grand faiseur d'éloges, & devoit être placée dans une autre partie de cette Bibliotheque, à l'endroit où l'on donne le commencement d'un voyage d'Italie.

Pag. 143. Almatride, *lis.* Almahide.

Pag. 151. *lig.* 8. qu'on devoit à la gloire, *lis.* qu'on élevoit à la gloire.

BIBLIOTECA LODOICÆA AUGUSTA
HOMER
PLATON
ARISTOT
THOMAS
TRIVIUM HERMATHENÆ SACRUM
BIBLIOTHEQUE CURIEUSE &
INSTRUCTIVE.
F. Ertinger f.

BI LI

U

I ST

De Ouv
e Litt

e pou

TOM

l'In

A

N B
Roi,
S.Jaq

Pri

BIBLIOTHEQUE CURIEUSE ET INSTRUCTIVE

De divers Ouvrages Anciens & Modernes de Litterature & des Arts.

Ouverte pour les Personnes qui aiment les Lettres

TOME SECOND.

De l'Imprimerie de S. A. S.
A TREVOUX.
Et se vend à Paris,
Chez JEAN BOUDOT Libraire, Imprimeur Ordinaire du Roi, & de l'Academie Royalle des Sciences, ruë S. Jaques au Soleil d'Or près S. Severin.

Avec Privilege & Approbation. 1704.

BL

C

NS

ers O

de L

te pou

La C

que l'

t for

que

, c

cett

ge ;

BIBLIOTHEQUE CURIEUSE ET INSTRUCTIVE

De divers Ouvrages Anciens & Modernes, de Litterature & des Arts.

Ouverte pour les Personnes qui aiment les Lettres

I.

La Connoissance des Livres

CE n'est pas assez d'avoir des Bibliotheques & des Cabinets de Livres de choix, il faut bien connoître l'usage que l'on en peut faire. Cet usage est fort different selon les divers buts que l'on se propose en ses Lectures, ce qui les a fait distinguer dans cette Bibliotheque, en Livres d'usage ; Livres de secours ; Livres de Profeſſion ; d'Inſtruction paſſagere ; d'Inſtruction ordinaire ; de Curioſité ; d'Amuſemens &c. Comme ils ſont de pluſieurs eſpéces differentes, leurs uſages le ſont auſſi. Et tout ainſi qu'il ſert de peu d'avoir la connoiſſance des Plantes, ſi en même temps,on ne s'inſtruit de leurs vertus, de leurs bonnes & mauvaiſes qualitez, & à quels uſages elles peuvent ſervir. Il faut du moins avoir une connoiſſance generale des divers uſages des Livres.

Les Livres Sacrez nous inſtruiſent de nôtre Religion, des veritez de la Foi, de nos Myſteres, des Préceptes & des Devoirs, des Loix de Dieu, des Cérémonies, de l'établiſſement de l'Egliſe, & de ſa Diſcipline; des Maximes du Salut, du Culte & de l'Obeïſſance que nous devons à Dieu.

Les Théologiens expliquent nos Myſteres, expoſent les Veritez de la Foi, les defendent contre les erreurs des Hérétiques, donnent les regles de la Morale Chrêtienne, developent les Merveilles de la Grace, nous font connoitre les choſes divi-

divines, établissent les Dogmes.

Les Peres interpretent les Oracles sacrez, & nous enseignent les Traditions Apostoliques.

Les Interprétes Sacrez éclaircissent les difficultez des Livres Saints.

Il n'est point d'honnête-homme qui ne doive être instruit de sa Religion. Les Livres dans lesquels il la doit apprendre sont le Catechisme du Concile de Trente, celui du Cardinal Bellarmin, du P. Canisius & les Instructions chrétiennes du Cardinal de Richelieu pour son Diocése de Luçon, l'exposition de la Doctrine de l'Eglise de Mr. de Meaux &c.

Mais tout homme qui ne fait pas profession d'être Theologien, ne doit point entrer dans les questions de l'Ecole, qu'il doit laisser aux Docteurs. Il peut lire les Controverses du Cardinal de Richelieu, pour s'affermir dans les veritez de la Foi, mais il ne doit point disputer avec les Hérétiques, comme il n'est pas à propos que des Artisans se mêlent de disputer & de dogmatiser : c'est ce qui a introduit le Calvinisme, par la liberté que de pareilles gens & des femmes ſe donnoient de lire l'Ecriture, de l'interpreter & de diſputer.

Il faut qu'il ſache quels ſont les Livres Canoniques, & qu'il en connoiſſe les ſujets, la forme, l'ordre, & la methode pour en pouvoir parler raiſonnablement, mais il eſt plus à propos de les lire dans la Vulgate que dans les Traductions, parceque la Vulgate eſt la ſeule approuvée de l'Egliſe comme canonique. Les Traductions peuvent être ſujettes à des erreurs : rien n'a plus decrié les Bibles Huguenotes que les variations de leurs traductions, ſoit que ces variations ayent été des effets d'ignorance ou de malignité, pour inſinuer leurs Erreurs.

La difference des Livres Sacrez eſt, qu'il y en a d'Hiſtoriques comme la Geneſe, l'Exode, les Nombres, les Juges, Tobie, Eſther, Ruth, Judith, les 4. Livres des Rois, les Chroniques ou Paralipomenes. Les deux Livres des Machabées, les quatre Evangiles & les Actes des Apôtres. Il y en a de Prophe-

Prophetiques, comme les grands & les petits Prophetes, les Pseaumes & l'Apocalypse.

De Livres Legaux & Cerémoniaux : comme le Deuteronome & le Levitique.

De Sapientiaux ou Moraux, la Sagesse, l'Ecclesiaste, les Proverbes, & l'Ecclesiastique.

De Poëtiques, ou comme Poëtiques. Le Cantique des Cantiques, Job & les Pseaumes, parcequ'ils ont les fictions, les figures & les couleurs Poëtiques, sans avoir rien de fabuleux.

Les Epistolaires, qui sont & Dogmatiques & Exhortatifs. Les 14. Epitres de saint Paul, les deux de saint Pierre, les trois de saint Jean, celle de saint Jacques, & celle de saint Jude.

Un honnête-homme doit au moins sçavoir les argumens de tous ces Livres, qui sont la parole de Dieu, & se souvenir de ce qu'a dit si sagement saint Clement d'Alexandrie, qui fut le Grand Maître des Ecoles Chrétiennes de son Païs; que depuis que le Verbe Divin a bien voulu descendre du Ciel pour venir lui-même nous instruire, il ne faut plus avoir recours aux Maîtres des Sciences purement Humaines. Car si nous avons pour Maître celui qui est l'Auteur de toutes les puissances qui doivent nous gouverner, l'Auteur de tous les ouvrages que nous voyons, l'Auteur du Salut, de la Grace, de la Redemption, de la Loy, des Propheties & de la Science Chrétienne. Il ne faut plus aller ni à Athenes, ni aux autres Ecoles de la Gréce, puisque ce Maître universel nous instruit lui-même par sa parole. * *Quoniam ipsum verbum ad nos venit cœlitùs, non est nobis ampliùs eundum ad humanam doctrinam; si est enim nobis ille Magister, qui implevit omnia sanctis potestatibus, opificio, salute, beneficio, legislatione, prophetiâ, doctrinâ, omnia nunc instruit Magister, & universum jam Athenæ & Græcia factum est verbo.*

Les Livres spirituels ou Ascetiques, enseignent les devoirs & les pratiques de pieté.

* *Clement. Alexand. Admonit. ad gentes.*

Il faut laisser aux Contemplatifs la Theologie Mystique, qui est un Don de Dieu, & non pas une Science, ni un Art, dont on puisse donner des regles. Il faudroit defendre aux femmes la lecture de ces Livres Mystiques, qui piquent leur curiosité & ne les rendent pas meilleures, ni plus saintes. Il y a tant d'illusions en la pratique de cette Theologie, & tant d'obscuritez en son jargon souvent plus affecté que solide, qu'il est de la sagesse des Directeurs bien éclairez d'en corriger les abus.

Les Philosophes enseignent l'Art de penser, & de raisonner, & font connoître les principes generaux des connoissances, des reflexions & des operations de l'ame, les principes, les causes, les effets & les proprietez des corps naturels, leurs rapports, leurs oppositions, leur naissance, leurs progrés & leurs alterations, ce qui est propre des Physiciens, qui raisonnent sur toutes ces choses en devinant, plûtôt qu'en établissant rien de bien certain, à la reserve des premiers principes, qui sont des notions naturelles, & comme nées avec nous. Ce sont celles que l'on nomme Métaphisiques. Pour les connoissances Physiques, le Sage a dit que Dieu nous a permis de disputer & de former des opinions sur les choses naturelles, dont l'Univers est composé, & que le fruit que nous pouvons tirer de ces disputes & de ces opinions, est de connoître aprés toutes nos reflexions & nos disputes que nous n'y entendons rien. *Mundum tradidit disputationi eorum, ut non inveniat homo opus quod operatus est Deus ab initio usque ad finem.* Voilà un oracle qui nous convainc d'ignorance au milieu de toutes nos études à l'égard des choses naturelles.

Les Philosophes moraux nous fournissent des connoissances plus utiles. Ils nous font connoître l'homme, c'est-à-dire ses mœurs, ses habitudes, ses passions, ses vertus, ses vices, par rapport à la societé, dont il est membre. Ils nous montrent les diverses espéces de societé, les gouvernemens des Etats & des Familles, des diverses Communautez: & l'homme interieur par rapport à ses actions

actions exterieures, comme le style d'un Horloge nous fait connoitre la disposition des ressorts qui reglent ses mouvemens.

La Jurisprudence a presque le même objet que la Philosophie morale, parcequ'elle en fait l'application aux diverses conditions des Personnes, selon l'Etat civil ou de societé, dont elle examine les droits & les prétentions, les formes de Gouvernement, leur Justice, leur Equité, les Loix, les Ordonnances des Puissances Superieures & les devoirs de chaque Etat & de chaque Condition.

L'Etude de la Logique & de la Morale sont donc necessaires à l'honnête-homme, l'une pour aprendre à penser & à raisonner, & l'autre pour regler ses mœurs & pour se connoître soi-même selon le sage avis des Anciens *Nosce teipsum.*

Il est aussi à propos qu'il sache au moins les Institutes de Justinien, l'un des plus beaux Livres que nous aïons pour l'Etat politique du Monde. On y peut joindre la lecture des Offices de Ciceron qui sont d'une belle morale purement civile. Les Livres de Senéque ſont plus alembiqués que ſolides, & remplis de fauſſes penſées des Stoïciens. Les Livres de Phyſique ſont de pure curioſité puiſqu'il y a peu de certitude en leurs raiſonnemens & que tout le fruit qu'on en peut tirer, eſt de connoître diverſes experiences, dont on voit les effets ſenſibles ſans pouvoir en bien penetrer les cauſes.

Les Grammairiens nous aprennent à parler & à écrire exactement, à critiquer ſur diverſes langues, & les diverſes manieres d'écrire & de parler. Ils nous montrent les origines des termes, leurs liaiſons, leurs conſtructions, leur élegance, leurs proprietez, leurs changemens, leur politeſſe, leurs defauts, les barbariſmes, les incongruitez. Ainſi la Grammaire eſt à proprement parler une Logique qui enſeigne le choix des mots ou des termes, leurs differences, leurs inflexions, leurs conſtructions, leurs arrangemens, leurs ſens naturels, leurs derivations, leurs tranſlations &c. auſſi tous les termes de la Grammaire ſont Philoſophiques ou Dia-

Dialectiques, Noms Substantifs & Adjectifs, Verbes Actifs & Passifs, Indicatif, Imperatif, Subjunctif, Infinitif &c. termes qui passent la capacité des Enfans qui commencent à étudier, mais qui doivent être entendus d'un honnête-homme qui doit sçavoir raisonner sur les principes de la Grammaire subordonée à l'Art de raisonner, dont elle contient les premiers principes.

Ainsi la Grammaire raisonnée & l'Art de raisonner, ou la Logique, sont les deux Arts les plus necessaires pour le Commerce des Lettres. Cependant ces deux Arts manquent souvent à la plû-part de ceux qui se mêlent d'écrire sur divers sujets, & qui publient des ouvrages la plus-part sans ordre & sans arrangement pour l'ordre des matieres.

Il y a diverses espéces de Grammairiens.

1. Des Grammairiens, qui donnent les preceptes touchant les Genres, les Declinaisons, les Conjugaisons & le regime des termes, comme les premiers Rudimens, les Methodes, le Despautere &c.

2.

2. Des Grammairiens étymologistes qui recherchent les origines des termes, comme a fait Mr. Menage, de ceux de nôtre langue. La sçavante Preface que le P. Besnier à mise à la tête de cet ouvrage, des Origines Françoises, est un chef d'œuvre qui ne laisse rien à desirer sur l'Histoire des Etymologies.

3. Il y a des Grammairiens Interprêtes, comme sont la plû-part des Commentateurs des ouvrages d'Homere, sur tout Eustathius, des ouvrages de Pindare & de Ciceron, de Virgile, d'Horace, qui se sont plus arrêtez à éclaircir les termes de ces Auteurs, qu'aux artifices de la Poëtique, de l'Eloquence & des autres Arts qu'ils traittoient.

4. Des Grammairiens Critiques qui n'ont égard qu'aux regles de la Grammaire & aux fautes qui se peuvent commettre contre ces regles, & que l'on trouve en divers Auteurs.

5. Des Grammairiens d'Elegance, qui ramassent les manieres d'écrire & de parler les plus fleuries, les plus élegantes & les plus polies, qui s'arrêtent

rêtent aux choix des Epithetes, aux arrangemens, aux accens & regles de la prononciation & de l'Ortographe. Silvius est un des meilleurs pour la Langue Latine. M. Vaugelas & le P. Bouhours pour nôtre Langue.

6. Les Auteurs des Vocabulaires, & Dictionnaires, Livres d'usage pour toutes les Langues.

Les Compilateurs suivent naturellement les Grammairiens, ce sont des ramasseurs de lieux communs, dont les Livres sont ici appellez Livres de secours, & que l'on range dans les Bibliotheques ordinaires sous les titres de Philologues.

Brisson a ainsi recueilli les Formules anciennes du Droit. Cælius Rhodiginus, Alexander ab Alexandro, Tiraqueau, le Polyanthea, le Theatrum vitæ humanæ de Theodore Zwinger, l'Anthologie de Chresolius & son Mystagogue; le Calepin, la Panthologie du P. Hyacinthe Chalvet, le Dictionnaire Historique de Moreri & plusieurs autres semblables Livres, ne sont pas des Livres à être lûs entiers & de suite, parce qu'ils n'ont qu'un ordre Alphabetique

que, ou des matieres ramaſſées ſous des titres cathégoriques, ainſi étant ſans methode, ils ne peuvent rien enſeigner, mais ſont ſeulement des Livres de ſecours pour s'en ſervir au beſoin & des magazins ou reſervoirs d'érudition auxquels on peut avoir recours : ce ſont Livres de lieux communs & de pluſieurs matieres vagues pour faire montre d'érudition.

L'Hiſtoire eſt de toutes les connoiſſances celle qui plaît naturellement davantage, & qui peut auſſi plus inſtruire pour la conduite de la vie & pour le commerce du monde. Ainſi elle doit faire la principale étude d'un honnête Homme. Elle forme le jugement pour la conduite des affaires, elle peut ſuppléer aux defauts d'experience, & par les revolutions qu'elle met devant les yeux, elle fait remarquer l'inſtabilité des choſes humaines & prepare aux ſpectacles bizarres, de divers évenemens, pour faire prendre de ſages précautions & des moïens de ſe ſoutenir dans l'une & l'autre fortune, qui paroît ſous tant de viſages differents

ferents sur la Scene de l'Univers. Mais Passons aux autres Livres puisque ceux-ci demandent des Instructions particulieres pour en profiter, & une methode reglée pour s'appliquer à cette Lecture. Ce qui se fera en un chapitre exprés.

La Poësie est autant faite pour le Plaisir que pour l'Instruction, selon ce vers d'Horace :

Et prodesse volunt, & delectare Poatæ.

Ainsi ceux qui étudient pour fournir aux conversations doivent lire les Poëtes & en apprendre les plus beaux endroits pour les reciter à propos. Il y en a plusieurs espéces.

1. Poëtes Epiques ou Heroïques.

2. Poëtes Dramatiques qui ont composé des Tragedies ou des Comedies.

3. Poëtes Lyriques, d'Odes, de Chansons, d'Idyles.

4. Poëtes Dythirambiques, de Silves, de Stances, d'Elegies, d'Epigrammes, de Sonnets &c.

5. Poëtes Satyriques qui déclament

ment contre les mauvaiſes mœurs.

6. Poëtes Sacrez d'Hymnes & de Cantiques ſpirituels.

7. Poëtes Moraux.

Les Orateurs ne ſe liſent que pour l'Eloquence & l'Art de perſuader, dont on peut remarquer les tours artificieux, les figures, les adreſſes & les inſinuations de la perſuaſion, la nobleſſe des expreſſions, les Amplifications pour exciter les mouvemens, les Images, les Portraits, les Narrations, & les autres Graces du diſcours propres à concilier l'attention & à fraper l'imagination. On parlera de la maniere dont on peut rapporter la ſuite d'un diſcours qu'on aura oüi.

Les Auteurs les plus inſtructifs ſont ceux qui ont entrepris de traiter à fond quelque matiere & qui ont emploïé une partie de leur vie à compoſer des Ouvrages ſinguliers. En liſant ces ſortes d'Ouvrages on acquiert en peu de jours, les fruits d'un travail de pluſieurs années.

Outre les recueils d'Erudition, d'Exemples, d'Antiquitez & de diverſes Leçons, de Compilateurs. Il y y a des recueils particuliers de diverses curiositez d'une même espéce rassemblées en un corps, qui sont des Livres de service. Comme les recueils de Medailles, d'Emblêmes, de Devises, d'Armoiries, d'Inscriptions, d'Epigrammes, d'Enigmes, de Sonnets, de Chansons, de Proverbes, d'Apophtegmes, de Sentences, de Bons Mots, d'Eloges des Hommes Illustres, d'Epitaphes, de Similitudes, qui sont autant de Livres de Secours.

Il y a aussi des recueils de Harangues, d'Oraisons Funebres, de Panegyriques, de Plaidoïers.

Les Journaux des Sçavans, les Memoires & les Extraits sont comme autant d'Abbregez de Bibliotheques, qui peuvent faire connoître divers Auteurs, quand ces Extraits sont faits exactement & avec discernement.

Voilà les connoissances générales que l'on peut avoir des Livres.

Voyons maintenant les addresses pour profiter de leur lecture.

II.

Addresses generales pour l'Etude d'un honnête Homme.

L'Addresse fait ordinairement la meilleure partie du succés de quelque travail que soit : comme nous voyons qu'une machine bien conduite & bien disposée, a plus d'effet que les forces de plusieurs hommes ensemble pour remuer de grands fardeaux & des masses lourdes & d'un grands poids, c'est pourquoi il est à propos de donner des Industries & des Addresses d'Etude, pour en soulager le travail.

1. Le Choix des Livres est un des plus grands avantages pour l'Etude, parceque le temps qu'on emploiroit à en lire plusieurs sans beaucoup de fruit, est employé utilement à la lecture d'un seul, qui contient ce que l'on pourroit chercher en plusieurs, avec beaucoup de fatigue & d'application.

2. De tous les Livres de diverses Facultez, il en faut parfaitement posseder

seder un ; mais qui ſoit le meilleur : c'eſt-à-dire qui contienne nettement & ſolidement les idées & les regles genérales des choſes que l'on veut apprendre, c'eſt reduire l'Etude des Belles Lettres à une trentaine de bons Livres, dont il faut nourrir ſon eſprit ; ſe contentant de parcourir, les Sommaires, les Titres ou les Tables des autres, pour voir s'ils ajoûtent quelque choſe de nouveau à ce qu'on a déja appris. Il faut s'arrêter ſur ces nouvelles découvertes, & les joindre aux connoiſſances qu'on a déja acquiſes.

3. Le tems bien reglé eſt d'un grand ſecours, c'eſt pourquoy il faut que chacun ſe le partage, ſelon ſes emplois & ſes occupations ordinaires, & qu'il s'attache autant qu'il ſe peut à la regle qu'il ſe ſera preſcrite. Par exemple, il faut employer une ou deux heures à l'Etude ſerieuſe de ſa Profeſſion, avant que de ſortir du logis, en donner autant le ſoir quand on eſt retiré. Le reſte du jour ſe peut donner aux affaires & certaines heures d'interruption aux Etudes divertiſſantes, qui ne demandent pas une ſi grande attention.

4

4. On peut aisement en moins d'un An apprendre tout ce qu'on appelle belles Lettres en s'attachant durant huit ou quinze jours, ou durant un mois, à apprendre les principes & les regles fondamentales des plus aisées. On peut facilement apprendre en huit ou dix jours les regles des Emblêmes & des Devises. En autant ou moins de tems, les regles des Enigmes & des Hieroglyphiques. En un mois les regles du Blason, en donner autant aux regles de la Poësie Dramatique, & de l'Epique, autant à la Versification Françoise. Il y a d'autres Connoissances qui sont plus longues à acquerir, la Geographie, la Chronologie, les Medailles, l'Architecture, & la Peinture pour en sçavoir parler: l'Art oratoire & l'Etude de l'Histoire demandent une plus grande application.

5. Pour faire beaucoup en peu de temps il faut étudier de concert avec un, deux, ou trois de ses amis, lire ensemble, & dire chacun son avis, se rendre compte de ses études & de ses lectures privées, cela s'im-

prime

prime ainsi plus fortement dans l'imagination.

6. Quand on a lû un livre, ou appris une matiere, ou un Art, il faut imiter la pratique des Ecoliers de Theologie & de Philosophie, qui aprés avoir pris les écrits de leurs Professeurs & oüi leurs explications, en font aprés des extraits succints, ce qu'ils appellent en terme de College *compendium*. Cela est un soulagement pour la memoire & fixe d'avantage les Images des choses que l'on veut sçavoir à fond.

7. On peut traduire un Livre d'une Langue en un autre, d'Italien en François, de François en Latin, ou de Latin en François : l'application que demande une juste traduction est une étude plus serieuse & de plus d'attention.

8. Il faut consulter les Sçavans, apprendre d'eux quels sont les Livres, dont ils se servent, ou qu'ils estiment le plus en chaque faculté. Il faut étudier leurs manieres, & tâcher de les imiter. C'est ainsi que l'on se forme, & s'ils sont gens qui se communiquent volontiers, on

emporte

emporte en une heure de conversation ce qui leur a couté des mois entiers de lecture & de travail.

9. Frequenter les assemblées des gens de Lettres, assister à leurs Conferences, remarquer la diversité de leurs reflexions, & les manieres de dire leurs avis & de s'expliquer sur les choses proposées.

10. Prendre chaque jour sur le soir une demie heure pour rappeller ce que l'on a appris durant le jour, ce qu'on a vû, ce qu'on a lû, ce qu'on aura oui dire, & consulter au plûtôt les endroits des Livres & des Auteurs qu'ils ont loüez, alleguez, relevez de leurs erreurs, interpretez ou critiquez.

11. Il faut avoir des Tablettes où l'on marque en peu de mots ce qu'on veut examiner plus à fond, justifier ou critiquer, afin que rien n'échappe à la memoire.

Il faut aussi avoir toûjours sur soi quelque Livre de curiosité & qui demande peu d'aplication pour le lire en certains momens vuides, qui se trouvent quand on est seul en quelque lieu, on trouve au bout d'un d'un tems que certains momens qui auroient été perdus, auront été utilement employez.

12. Il faut dès le commencement de ses études se proposer plusieurs sujets ; comme si on avoit dessein de composer sur ces matieres : c'est le moyen de remarquer plusieurs choses qui échaperoient sans ces précautions. Cela est absolument necessaire à ceux qui sont ou Predicateurs, ou Avocats, pour ajuster leurs études à leurs professions.

13. Il faut avoir des Livres rares, singuliers & connus de peu de personnes pour s'en servir non pas en plagiaires ; mais pour entretenir les Compagnies de choses nouvelles, curieuses & recherchées.

14. Les Voyages contribuent beaucoup à former un Honnête-homme: Mr. La Mothe le Vayer & M. Baudelot ont écrit de l'Utilité des voyages. On peut consulter ces deux Auteurs. Il faut en ces voïages remarquer les Antiquitez & les vestiges d'Antiquitez & les marquer pour s'en souvenir : dire qu'on a vû, est quelque chose de plus sin-

gulier ; que de dire qu'on a lû, ou qu'on a ouï dire.

15. Il n'eſt rien qui acquiere plus d'eſtime, que le Jugement ſolide que l'on fait des Livres qu'on a lûs, & des Diſcours qu'on a ouïs, c'eſt ce qui fait paroître le bon ſens, & la capacité de celui qui en juge ſainement.

16. Il y a quatre Grands defauts à éviter pour un Honnête-homme, c'eſt de paſſer pour Avanturier, pour Pédant, pour Degouté, ou pour Critique, dans la converſation & le commerce des Gens de Lettres. Les Avanturiers ſont ceux qui s'ingerent à parler de ce qu'ils n'entendent pas, & ceux qui pour ſe faire valoir, apprennent par cœur des Paſſages Grecs, Latins, Italiens, Eſpagnols, des Traits d'Hiſtoire, des Poëſies, devant que d'aller aux Aſſemblées, où en dépit du bon ſens & de toute bienſeance, il faut qu'ils debitent leur marchandiſe à toutes ſorte de gens, bourgeois, marchands, femmes, artiſans & cavaliers, devant qui ils recitent leur Grec, leur Latin & leur Eſpagnol où

où ils n'entendent rien, mais ils veulent les éblouïr & passer pour habiles gens parmi les ignorans, ne le pouvant faire parmi les personnes éclairées.

Les Pédans sont ceux qui parlent toûjours d'un Ton Magistral, qui ne debitent que des Rapsodies, sans qu'on les puisse faire taire & qui s'applaudissent sur les choses les plus triviailles.

Les Dégoutez sont ceux, qui meprisent tout ce que les autres disent & qui semblent l'écouter d'un air dédaigneux.

Les Critiques sont ceux qui n'approuvent rien, & qui sont toûjours prêts à se soulever contre tout ce qu'on avance.

III.

De la Connoissance des Langues.

La connoissance des Langues n'est pas seulement necessaire aux Sçavans de profession pour apprendre les sciences dans leurs sources, mais il est difficile qu'un Honnête-homme puisse faire un grand progrés en l'Etude des belles Lettres & des beaux Arts sans leurs secours. Il est vray que c'est des Grecs & des Latins que les premiers élemens de ces Arts nous sont venus : cependant les autres Nations ont depuis beaucoup contribué à les polir & à les perfectionner. La Peinture, l'Architecture & la Poësie doivent beaucoup aux Italiens. Les Espagnols se sont plus addonnez aux Sciences speculatives principalement pour la Theologie, & la Jurisprudence, depuis que nôtre Langue a été perfectionnée : le grand nombre d'excellens Livres composez en cette Langue, la font apprendre aujourd'huy à tous les étrangers, qui ont du goût pour les belles choses ; ainsi les Allemans, les Suedois, les Danois, les Polonnois, les Anglois, les Italiens & les Espagnols commencent à lire la plusspart de nos Livres en la Langue, en laquelle ils on été écrits.

La Langue Italienne est fort en vogue parmi nous, à cause des Poësies & des autres jolies choses écrites

tes en cette Langue. Nos deux dernieres Reines avoient introduit à la Cour, la Langue Espagnole, même parmi les Dames aussi bien que parmi les Cavaliers.

Les Langues Hebraïque, Chaldaïque, Syriaque, Samaritaine & Arabe, ne sont que pour ceux qui veulent aprofondir les Mysteres de l'Ecriture Sainte & dans les rêveries des Rabbins. Les Sçavans du Nord n'écrivent gueres qu'en Latin, ainsi leurs Langues sont plus necessaires pour le commerce, que pour l'Etude des Lettres.

La Grécque & la Latine sont assez communes pour les Honnêtes-gens qui ont fait leurs Etudes dans les Colleges, où l'on cultive ces deux Langues, comme les Langues des Sciences; aussi faut-il les apprendre par regles, pour les sçavoir parfaitement, tant pour entendre les Auteurs, que pour parler & pour écrire sçavamment.

Les Langues Italienne & Espagnole sont presque les seules qu'un Honnête-homme se doit proposer d'entendre raisonnablement pour lire les Livres de ces deux Nations des plus polies de l'Europe & des plus ingenieuſes. L'Italienne pour la Poëſie & l'Eſpagnole pour les Bons Mots, les Proverbes, ou *Refrains*, & les Sentences.

Il n'eſt pas neceſſaire de les apprendre par regles, c'eſt un travail trop long & trop degoutant, il ſuffit de lire les Livres les plus aiſez de ces Langues & qui nous ſont communs avec ces deux Nations en nos traductions. Le Livre de l'Imitation de J. C. les Evangiles, & quelques autres ſemblables Livres, font ceux où il faut commencer de l'apprendre, avec quelques reflexions qui en peuvent faciliter l'intelligence.

L'Italienne a tant de conformité avec la Latine dont elle eſt derivée, & avec la nôtre qui vient en partie de la même ſource, qu'il eſt aiſé de la concevoir en peu de tems, à certains termes prés, qu'elle a emprunté des Langues Catelane & Provencale, des Anciens Trouveres ouPoëtes & Romanciers, qu'elle reconnoit en partie pour ſes Peres. Il eſt ne-

necessaire d'avoir un Dictionnaire Italien-François pour l'intelligence de ces Termes, qui ne sont pas en fort grand nombre, sur tout dans les Livres d'un style familier, par lesquels il faut commencer devant que de passer à la lecture des Historiens & des Poëtes dont les derniers sont plus difficiles à cause de leurs frequentes métaphores.

On peut remarquer d'abord que la pluspart des mots latins qui commencent par un I. consone se changent en G I. *Jugum* Giogo. *Joannes* Giovanni. *Juvenis* Giovane, *Japon* Giapone. Quelques-uns de nos mots François, ou Gaulois ont reçeu le même changement *Jupon* Giupone, *Joyeux*, Gioie. *Jaune* Giallo. *Jacques* Giacomo. Les CL du Latin se changent souvent en CHI. *Clarus* Chiaro. *Clavus*, Cloud Chiodo. *Clavis* Chiave, *Occuli* Occhi. *Occhiali* Lunettes. *Speculum* Spechio miroir.

Ils ôtent la pluspart de nos H. aprés le C. parcequ'ils prononçent ce C. comme CH, ainsi ils écrivent *Cercare* pour dire chercher,

Cacciare pour dire chasser.

Ils syncopent & abregent beaucoup de mots, d'*Infra* ils font *fra* & d'Intrà *trà*, enveloppe *Viluppo*, *d'Inviluppo qu'elle dit aussi*.

l'L des Latins est souvent changé en I *placere* piacere, *Glacies* Ghiaccio, *plus* più, *pluere* piover pleuvoir *plangere* piangere, *Tollere* toglier, *Seligere* scioglier, *Claudere* Chiuder.

Le T. se change souvent en D. *Scutum* scudo.

Le C. en G. *Castigare* castigare, de même le Q. *Sequi* seguir.

Le D. & le T. en G I. *Radius* Ragio. *Ratio* Ragione.

L'I est souvent supprimé *Calidus* Caldo. *Solidus* saldo.

L'V se change en O. *Turris* Torre, *Multus* molto.

Le P T & le C T se changent en deux T T. *Aptus* Atto, *Dictum* Detto, *Factum* Fatto. *Tractare* Trattare. *Captivus* Cattivo chetif, *Acceptare* Accettar.

Aux mots qu'elle emprunte de nôtre Langue elle ajoute ou retranche quelques lettres. Doncques *Adunque*, parceque *percioche*, puisque *Posciache*. Elle

Elle retranche souvent l'E devant l'S à la maniere des Latins esperance *Speranza*, Email, *Smalto*, Estropier *Strappazzare*. Expliquer *Spiegare*. Expositeur *Spositore* &c.

La Langue Espagnole est composée de termes Arabes qu'il faut necessairement apprendre, ou pour lesquels il faut consulter les Dictionnaires, ces mots commencent la plû-part par A L qui est un article Arabe comme en ce mot Almanach, *A L Manach* le Lunaire, ou Calandrier. *Alborote* Tumulte, Sedition. *Alcaçar* Palais, Chateau qui est *Alcaçar* la demeure ou la Case &c.

L'un des plus considerables changemens que fassent les Espagnols aux termes qu'ils empruntent des Latins, est le changement de la Lettre F en H. *Fabulari*. Hablar, Parler.

Fascis, Haz, *Hace* faisseau, paquet.

Fagoteur, *Hacinador*, Bateleur.

Fax, Hacha, Torche, Flambeau.

Fatidica, Hada, une Fée.

Fatum, Hado, le Destin.

Falco Halçon, Faucon. *Halconero* Fauconnier.

Fames, Hambre, faim. *Hambriente*, Famelique.

Farine Harina.

Farci Harto, Hartado, *Soulé.*

Faſtidium, Haſtio.

Faba, Hava, Feve.

Facere, Hazer, faire.

Facende, mot Italien, affaires. *Hazienda*, richeſſe.

Fibre, Hebra.

Factum, fait, *Hecho*; Facture *Hechura.*

Femelle, *Hembra.*

Fendre, *Hender*; *Hendido*, fendu.

Ferita, Bleſſure, en Italien, *Herida*, *Herir Herido.*

Formoſus, Hermoſo, beau, *Hermoſura* beauté.

Ferrer, *Herrar*. *Herrado*, ferré. *Herrador* Maréchal.

Ferveur, *Hervor.*

Fiel, *Hiel.* Fer, *Hierro.* Fil *Hilo.*

Furtum, *Hurto. Hurtado* derobé &c.

Les F L. C L. P L. ſe changent en deux L L. plaga

Llaga, Playe, Bleſſure. *Llagado*, bleſſé

Flamma, *Llama*, Flame.

Clamare, *Llamar*, appeller, nommer, crier.

Planum, *Llano*, plain, uni. *Llanura* plaine.

Plane-

Planctus, *Llante*, plainte.

Clavis, *Llave*, clef, *Llavero* Clavier.

Plenus, *Lleno. Llenar*, emplir.

Plorare, *Llorar*, pleurer.

Pleuvoir, *Llover*; *Llueve* il pleut. *Lluvia*, pluye.

L'O ſe change en U E.

Corpus, *Cuerpo*; bonus, *bueno*. Novus, *Nuevo*.

Conte, *Cuento*. Corde, *Cuerda*. Corbeau, *Cuerbo*.

Mort, *Muerte*, ſort, *Suerte*. Tort. *Tuerto*.

Dominus, *Dueno*. Foris, *fuera*, dehors; Focus, *Fuego*, fœu.

Fortis, *Fuerte*, forum, *fuero* &c.

Ils changent ſouvent le B. en V. & l'V en B. ce qui eſt ſi ordinaire qu'il n'eſt pas neceſſaire d'en donner des exemples.

Nos mots qui ſe terminent en TE', changent en *dad* cette terminaiſon. Vanité, *Vanidad*, humilité *Umildad*. bonté, *bondad*, *Oneſdad*, honnêteté.

Ils retranchent la Lettre H. de beaucoup de mots, *onrar*, honorer; *onra*, l'honneur, *oneſto*, honête; cependant quelques-uns la retiennent.

Ils font ſuivre quelquefois M de BR, Homo, *Hombre*, fames *Hambre.* Humerus, *Ombre*, Epaule.

Ceux qui ne veulent ſçavoir le Grec que pour entendre les Livres écrits en cette Langue, ſans ſe mettre en peine de l'apprendre par les préceptes qui ſont d'une longue étude, ſe contentent de bien apprendre les racines ou termes primitifs & leurs diverſes ſignifications & pour determiner leur imagination à ſe ſouvenir de pluſieurs mots, ils apprenent les ſignifications des noms, des Auteurs & des Perſonnes les plus célebres de cette Nation, tous ces noms étant ſignificatifs & la plûpart compoſez de deux ou trois termes differens comme *Ariſtoteles*, tres-bonne fin, d'*Ariſtos* & *Telos*. Archelaüs, Prince du Peuple. Pythagore perſuaſion de l'aſſemblée, une centaine de ces noms donnent l'interpretation de deux ou trois cens mots.

D'autres jouënt avec quelqu'un de leurs amis à ſe defier qui ſçaura dire d'avantage de mots, & ſe demandent quand ils ſe rencontrent toutes

toutes les parties du Corps humain, Teste, Langue, Bras, Mains yeux &c. Les noms des choses qui se presentent à leurs yeux, Maison, Toit, Livre, Pierre, Pain, Vent, Pluye &c.

Quelques-uns commencent par tous les mots que la Langue Latine a adoptez de la Greque, *Xystas* Cabinet de Jardin; *Chirurgus* celui qui travaille de la main; *Chiromantie* devination par les lignes de la main. *Pyromantie* devination par le Feu &c.

D'autres commencent par lire l'Evangile de St. Luc & les Actes des Apôtres écrits en grec & dont ils ont déja connoissance par le Latin. D'autres lisent les Dialogues des morts de Lucien, avec l'interpretation interlineaire, & les explications Grammaticales de chaque mot imprimée pour les Ecoliers qui commencent à apprendre le Grec. Ainsi peu à peu on se forme à entendre les Livres que l'on lit avec leur Interpretation en deux colonnes.

L'une des meilleures industries pour apprendre les Langues est d'apprendre des Sentences, des Prover-

bes,

bes, des Vers, des Devises, des Epigrammes & des Bons-Mots de ces diverses Langues pour les dire à propos dans les Conversations.

IV.

De l'Etude des Voyages.

Il n'est rien où les inclinations des hommes se manifestent d'avantage que dans les Voyages, puisque la curiosité qui attire à voir divers Païs, est un effet du desir, qu'ont naturellement tous les hommes d'apprendre, & de sçavoir. C'est de ce même desir que naît la diversité des gouts, qui fait que certaines choses plaisent aux uns, qui deplaisent aux autres, parceque quoy qu'ils ayent tous le desir d'apprendre, ils n'ont pas tous les mêmes dispositions d'esprit, de temperament, & d'inclination & de premieres habitudes, qui sont dans nous comme une seconde Nature, c'est ainsi que l'on voit que les Plantes de même espéce, ne viennent pas également bien en toutes sortes de Terroirs, par-

parcequ'elles ny trouvent pas ni la même nourriture, ni les mêmes aspects du Ciel, ce qui altere assez souvent leurs dispositions naturelles.

Le Soldat ne se plaît gueres qu'à voir ce qui est de son metier, & aprés qu'il a observé si une Place est regulierement fortifiée, sa Situation, ses Dehors, combien elle a de Bastions, si les Arsenaux sont bien garnis, les Approches difficiles, si elle est commandée de quelques endroits, il ne regarde plus le reste que comme choses indifferentes, qui touchent peu sa curiosité. Il y en a qui ne voyagent que pour voir des Bâtimens, des Ruës, & de grandes Places dans les Villes. Quelques autres s'amusent à charger leurs tablettes d'Inscriptions & d'Epitaphes qu'ils portent en leur Païs, comme autant de Trophées & de Monumens glorieux de leur curiosité. Quelques-uns ne semblent voïager que pour voïager. Ils tiennent un compte exact du temps, du lieu, & du jour de leur depart, des voitures dont ils se sont servis, des Journées

nées qu'ils ont faites chaque jour, des Hôtelleries où ils ont logé, des Chemins qu'ils ont tenu, des Montagnes, des Forets & des Rivieres qu'ils ont passées, des rencontres qu'ils ont eües, des dangers où ils se sont trouvez & autres pareilles avantures. Les Jeunes François & les Jeunes Allemans voyagent la plû-part sans dessein, ce qui à fait dire à un Italien, que la plû-part retournent en leurs païs du Voïage d'Italie, sans avoir appris autre chose si non, *dove erano buoni vini & Cattive donne*, ce qui fait que peu en reviennent sans apporter quelque fruit de leurs débauches.

Deux choses empêchent ordinairement de tirer tout le fruit que l'on pourroit tirer des voïages, s'ils étoient faits avec soin. Ces deux grands obstacles sont l'Ignorance & la Prévention. On n'y porte pas des yeux instruits, & l'on y porte des yeux prevenus; ceux qui n'admirent rien & qui ne sont point touchez d'une infinité de choses que d'autres considerent avec attention, auroient bien le même goût, & les mê-

mêmes empressemens s'ils avoient des yeux semblables à ceux de ces connoisseurs. Car comme les Livres qui font l'étude des Sçavans ne sçauroient plaire à ceux qui ne sçavent pas lire, parce qu'ils n'y voient que des figures bizarres qu'ils ne connoissent point, & ne plaisent gueres d'avantage à ceux qui en connoissent les caracteres ; mais qui n'entendent ni les matieres qu'ils traitent, ni les Langues auxquelles ils sont écrites. Il ne faut pas s'étonner de voir que tant de gens voïagent, sans beaucoup d'utilité, & souvent même sans autre plaisir, que celui de mépriser ce qu'ils ne connoissent pas, & de pouvoir dire à leur retour qu'ils ont veu sans être touchez, une infinité de choses que des curieux admiroient.

S'il y a peu de gens qui portent des yeux instruits ou dociles en leurs voïages il y en a plusieurs qui en portent de prevenus. Le tems & l'éducation nous accoûtument insensiblement à voir, à ouïr, à goûter, & à faire certaines choses qui nous deviennent comme naturelles

par

par une longue habitude. Cela fait que l'on a peine de s'accoûtumer au goût des autres Païs & tout ainsi que nous trouvons laids les Negres & les Indiens, que nous considerons comme des monstres, parcequ'ils ont un autre tein & une autre forme exterieure que nous en quelques unes de leurs parties: eux pareillement ne sont pas moins surpris en voïant les Europeans, & la beauté la plus parfaite leur semble avoir quelque chose de difforme parcequ'elle ne leur ressemble pas. C'est qu'ils ont des yeux prevenus c'est aussi de pareilles preventions dont il faut tâcher de se defaire pour juger sainement des choses. On trouve d'abord à-dire aux vetemens des Etrangers, aux apprets de leurs viandes, & à leur maniere d'agir, parcequ'on est accoutumé à voir d'autres vetemens, à gouter d'autres ragouts & à voir d'autres manieres d'agir. Il faut corriger ces erreurs de l'imagination pour voïager & voir divers Païs sans en condamner les usages.

Ceux qui veulent voïager dans les Païs étrangers devroient commencer

mencer par la visite de leur Païs, en observer les usages, les manieres, & la forme du Gouvernement, pour pouvoir satisfaire la curiosité des Etrangers, qui les questionnent ordinairement sur ces usages, & qui veulent apprendre la forme de Gouvernement que l'on y tient, quel est l'Etat de la Cour, les Princes, leurs Alliances, leurs Emplois, les Ministres, les Officiers, les Revenus du Prince, ses Forces, ses Troupes, l'Etenduë de ses Etats, la disposition des Provinces &c. Ainsi tout homme qui veut voïager, devroit auparavant s'instruire à fond de l'Etat de la France pour en pouvoir parler sagement & avec connoissance, autrement il s'expose à passer pour homme peu instruit dans les affaires du monde s'il ignore son païs.

Il doit ensuite étudier les mœurs des Païs qu'il visite, la forme des divers Gouvernemens, entrer dans les Cours, s'il y peut avoir acces, visiter les Gens de Lettres qui sont en reputation, qui se sentent toûjours fort honnorez des visites des Etrangers,

gers, qu'ils croyent que leur reputation attire a desirer de les voir & de converser avec eux. Il faut assister aux Spectacles & aux Actions publiques, pour pouvoir en parler. Voir tous les Ouvrages publics qui peuvent faire juger de la magnificence des Grands & de leur goût pour les belles choses. Tous les Ouvrages d'Architecture, de Peinture & de Sculpture, doivent attirer la Curiosité de les voir. Les Machines, les Manufactures singulieres, s'informer du Commerce, du Trafic, des plus excellens Ouvriers, la maniere dont ils travaillent, visiter leurs Atteliers.

Les diverses relations des Voïageurs nous font connoître avec quel esprit ils ont voïagé: Le P. Mabillon & le P. de Mont-Faucon ont remarqué les Manuscrits des Bibliotheques des anciens Monasteres, les Usages & les Cerémonies des Eglises, & les singularitez des Monasteres de leur Ordre de St. Benoît. Les Voïages de M. de Monconys, sont d'un vray Philosophe qui rapporte diverses experiences de Physique & de Mathematique, des Secrets de Machines & de de Remedes, ses rencontres & ses Conferences avec des Sçavans mêlées avec ses Journées & sa Depense. Mr. Spon n'a remarqué que diverses Inscriptions Grecques & Latines, des Bas-reliefs, des Medailles & d'autres Monumens d'Antiquitez, quelques Cabinets de Curieux & de Sçavans. Celles de Tavernier font connoître qu'il a voïagé en Marchand de Pierreries & de Bijoux, & qu'il a trafiqué en Perse, au Mogol &c. La plû-part des Hollandois & des Anglois ont voïagé en Pilotes, observant les Côtes, les Rades, les Ecueils, les Courans, les Isles, les Detroits, & nous ont donné des Cartes Marines & des Routiers : d'autres ont remarqué les Plantes & les Animaux de divers Païs, la temperature des Climats &c. ce qu'ont fait plusieurs Medecins voïageurs : d'autres se sont contentez de faire des Descriptions des Villes, des Jardins, des Ports, des Regions, des Rivieres &c.

Nous avons quelques voïages de la Terre-Sainte, qui ne contiennent que des remarques des Lieux Saints,

&

&des Cerémonies des Prêtres Grecs, Armeniens & Coptes: des Usages des Turcs, des Juifs & des Chrétiens de ces Païs, avec beaucoup de Traditions fabuleuses.

Il faut peu se fier aux Descriptions de ceux qui n'ont fait que passer par certains lieux, sans y avoir fait de longs-sejours pour les bien connoître, & qui ne font que rapporter ce que les Gens des lieux leur en ont appris.

Pour voïager utilement il faudroit auparavant lire les Histoires des Païs où l'on veut aller, ou les Relations de ceux qui ont fait ces voïages, & marquer ce que l'on desire d'y voir & que l'on juge digne de sa curiosité, tant pour verifier ce que l'on en a écrit, que pour se desabuser sur bien des choses.

Il faudroit chercher dans les Villes, ceux qui sont en reputation d'en mieux sçavoir les Singularitez, voir avec des Peintres, des Sculpteurs, & des Architectes, les plus beaux Ouvrages & apprendre d'eux à en connoître les beautez & les defauts. Voir comment on rend la Justice, com-

comment se tiennent les Marchez, les Cerémonies de diverses Religions, & leurs Rits. A quoy s'exerce la Jeunesse & le Peuple, leurs Divertissemens, leurs Festins, leurs Musiques, leurs Instrumens, leur Maniere de cultiver la Terre; leurs jours de Fêtes; leurs Habillemens, pour l'un & l'autre Sexe; leurs Conversations, leurs Etudes; leur Addresse à certains exercices, leur Nourriture ordinaire, leurs Armes, leurs Guerres, leurs Mariages, l'Education de leurs enfans, leurs divers Emplois, la diversité des Conditions, celles qui sont plus en honneur &c.

On pourra voir à la fin de ce Livre un éssai de Relation Manuscrite d'un Voïage d'Italie qui pourra peut-être servir d'idée à ceux qui desirent de voïager avec fruit.

Pausanias est presque le seul entre les Anciens que l'on pourroit se proposer, pour les remarques qui se peuvent faire dans les voïages, par le soin qu'il avoit pris de recueillir ce qu'il y avoit de plus remarquable & de plus curieux dans les Ville de Grece.

J'ay

„ J'ay commencé par l'Italie mes
„ Voyages, parceque j'ay consideré
„ cette partie de l'Europe comme
„ la plus diversifiée, & la plus capa-
„ ble de satisfaire une curiosité aussi
„ étenduë que la mienne. Les Pein-
„ tres qui vont ordinairement en
„ ces Provinces pour se perfection-
„ ner en leur Art, dont les plus
„ éxcellens Maîtres sont sortis d'I-
„ talie, y distinguent trois Ecoles de
„ Peinture, La Lombarde, la Ro-
„ maine & la Florentine. Ils y com-
„ prennent sous la premiere, le Pié-
„ mont, le Milanois, le Bolognois,
„ & tout l'Etat de Venise. Les deux
„ autres sont plus resserrées, l'une
„ dans l'Etat Ecclesiastique & l'au-
„ tre dans la Toscane.

„ Pour moi qui avoit d'autres
„ vûës, & ma seule curiosité à satis-
„ faire, sur beaucoup d'autres cho-
„ ses, que la Peinture, l'Architectu-
„ re, la Sculpture, la Musique & les
„ autres beaux Arts, qui fleurissent
„ plus en Italie qu'en aucun autre
„ Païs: je le considerai, comme di-
„ visé en quatre Parties dont la pre-
„ miere, à mon égard, fut la Lombar-
die

die par laquelle j'entray en Italie. «
La seconde est l'Etat Ecclesiasti- «
que : la troisiéme la Toscane & la «
quatriéme le Royaume de Naples. «
J'ay rangé sous la premiere, «
les Etats du Duc de Savoye, le Mi- «
lanois, les Terres des Ducs de «
Mantouë, de Parme, de Modene, «
& quelques autres Princes, & en- «
suite l'Etat de la Republique de «
Venise, qui peut-être consideré «
comme une des Parties Principa- «
les de l'Italie par la puissance & «
la politique de cette Republique «
qui a commencé en même tems «
que la Monarchie Françoise. «

L'Etat Ecclesiastique tient sa «
principale grandeur de la Ville de «
Rome Capitale du Monde Chré- «
tien, & Siege des Souverains Pon- «
tifes, aprés l'avoir été des Empe- «
reurs d'Occident & d'une Repu- «
blique qui fut la Maîtresse du «
Monde. «

Sous le troisiéme Chef, je consi- «
derai la Toscane & les Etats du «
Grand Duc où sont les Villes de «
Florence ; de Sienne, de Pise, & «
de Ligourne &c. La Ligurie où «

„ sont les Etats de la Republique
„ de Gennes , celle de Luques &
„ quelques autres petits Etats.
„ Enfin j'ay reduit sous la dernie-
„ re Partie, tout ce que le Roy d'Es-
„ pagne occupe dans le reste d'I-
„ talie.

Il faut necessairement faire cette distinction pour ne pas confondre les mœurs & le genie des Italiens, qui ne sont pas les mêmes en tous ces Lieux, par la diversité des Gouvernemens.

On fait aussi une grande distinction entre la Noblesse de tous ces Cantons.

Celle de Venise se divise non-seulement entre celle du corps de la Republique, ou de la Ville, & celle de Terre ferme ou des Etats dependans de la Republique. Mais on distingue encore les Nobles Venitiens en Ancienne Noblesse, depuis le premier Etablissement de la Republique sous les Tribuns, en Noblesse venuë des Isles de Chio, de Candie &c. où elle étoit ancienne, la Noblesse *del Serrar del Consiglio* sous le Doge Pierre Gradenugo, & la No-

Noblesse nouvelle achetée par des sommes considerables pour les besoins pressans de la Republique.

La Noblesse de Naples est aussi considerable & elle a ses *Seggese* ou sieges auxquels il faut être aggregé.

Celle de Genes à ses 28. Alberghes, auxquels toute la Noblesse devoit être Aggregée & elle distingue entre ces vingt-huit corps, ceux qui ont de veritables noms de Familles, comme les Spinola, les Doria, les Grimaldi, les Fieschi &c. & ceux qui ne sont que noms d'Aggregations comme Catanei, Imperiali &c.

La Noblesse Romaine se distingue entre celles des Anciens Barons Romains, & les familles Annoblies par les Dignitez des Papes, Cardinaux &c.

En quelques autres villes, on distingue *les Nobili del commune* & *les Nobili del Popolo.* A Florence ceux qui ont été Gonfalonniers, ou Prieurs des quartiers de la Ville au temps qu'elle étoit Republique.

Mais reprenons nôtre voïageur.
„ Quoique le genie & les mœurs
„ des Italiens ne soient pas les mê-
„ mes en tous les lieux, on peut dire
„ en general de toute cette Nation,
„ qu'elle a des esprits delicats, po-
„ litiques, ambitieux, affables,
„ & voluptueux, leur temperament
„ est fait pour l'esprit. Ils n'ont pas
„ le feu & la fougue des François,
„ mais le Phlegme qui les rend plus
„ moderez, ne leur ôte rien du bril-
„ lant, qui pour n'être pas le solide
„ de l'esprit, ne laisse pas d'en être
„ la pointe, & comme la partie la
„ plus fine & la plus subtile. C'est
„ ce qui a fait parmi eux une infi-
„ nité de Poëtes, depuis la Gran-
„ deur Romaine jusqu'à nos tems,
„ & quantité d'excellens Peintres,
„ & d'habiles Musiciens, c'est aussi
„ si je ne me trompe, ce qui a ren-
„ du leur Langue delicate, agreable
„ & pleine de metaphores.
„ Ils ne sont pas moins Politiques
„ que subtils & delicats, parcequ'ils
„ sont encore pleins de la grandeur
„ de leurs Ancestres & qu'il leur
„ semble qu'ils sont nez ponr le
Gou-

Gouvernement & pour l'Empire. “
Ils s'appliquent aussi soigneuse- “
ment à la Lecture de l'Histoire &
aux Reflexions Politiques, y en “
ayant peu parmi eux, de ceux “
qui Songent à s'avancer, qui ne “
fassent de Tacite, de Machiavel, “
du Castiglione, de Botero &c. “
leurs Livres les plus ordinaires. “

Les Ecclesiastiques étudient “
plus le Droit Canon & les Ceré- “
monies Ecclesiastiques, que la “
Theologie Scholastique & contro- “
versée. Les Belles Lettres y fleu- “
rissent moins qu'en France depuis “
un certain tems, parceque leurs “
Academies qui contribuoient “
beaucoup à les cultiver, ont beau- “
coup relaché de l'assiduité de leurs “
exercices, qui entretenoient une “
émulation vive & subtile entre el- “
les, par les discours Academiques “
& les Pieces qu'elles composoient, “
aussi bien que les Commentaires, “
Notes, Reflexions, & Critiques “
que l'on y faisoit sur les Ouvrages “
de leurs Auteurs les plus celébres, “
Dante, Petrarque, l'Arioste, le “
Tasse, le Guarini, le Comte Bona- “

„ relti, le Bembe &c. pour & con-
„ tre lesquels il a paru tant d'Ouvra-
„ ges de divers Academiciens à qui
„ la Gierusalemme, l'Orlando, le Pas-
„ tor Fido, la Philis de Scyro, la Cle-
„ lie & tant d'autres pieces ont servi
„ si long-tems d'occasions de dispu-
„ tes, de Reponses, & d'Apologies
„ pour divers écrits de part & d'autre.

Si les belles Lettres y semblent moins cultivées à present, c'est qu'aprés la jeunesse qu'ils donnent à la Poësie, à la Musique & aux Instrumens, ils se mettent aux affaires & ne songent plus guerres qu'à l'établissement de leur fortune, pour laquelle ils ont trois voyes assez ordinaires. Les uns vont à la Cour de Rome, pour tâcher de s'élever aux Dignitez Ecclesiastiques, & plusieurs s'attachent à la fortune de certains Prelats, qu'ils jugent, pouvoir parvenir aux premieres Dignitez de l'Eglise, d'autres s'attachent aux emplois de leurs Etats, de leurs Republiques & de leurs Villes, pour parvenir aux charges. Quelques-uns vont chercher fortune dans les Cours étrangeres. On y trouve encore à present, d'excellens Hommes en toutes les Sciences; mais on peut dire en general qu'ils s'y appliquent moins qu'aux affaires Politiques & que pour la Theologie, il n'y a guere que les Religieux qui s'y attachent & qui la regardent comme un moïen de se distinguer dans leurs Ordres & de parvenir aux Prelatures, en se faisant Theologiens des Cardinaux & des Evêques.

Ils ont quelques habiles Philosophes & plusieurs Jurisconsultes, à cause de leurs Universitez de Padouë, de Pavie, de Boulogne &c. C'est de là que sont sortis les Alciats, les Jasons, les Ferretti, les Pacius, & quantité d'autres qui ont paru dans nos Universitez de France; Plusieurs s'y addonnent à la Medecine qu'ils vont exercer en diverses Cours.

C'est l'ouverture qu'ils ont aux dignitez de l'Eglise & à divers Emplois dans toutes les Cours de l'Europe, qui les rend ambitieux, parcequ'il n'en est aucun qui ne se flatte d'une fortune aussi extraordinaire, que celle de plusieurs qui se sont vûs élevez des Etats les plus ravalez, aux plus éclatantes dignitez du Cardinalat & du Pontificat.

Plusieurs entretiennent le Commerce de la Banque, qui ne deroge point à la Noblesse, particuliérement dans les Republiques, ce qui fait que la plû-part des Cadets des meilleures Familles, s'y jettent pour soûtenir leurs Maisons. Ce sont en effet plusieurs Nobles Luquois, Genois, Florentins, Siennois, Pisans, Venitiens & Milanois, qui ont exercé en France durant plusieurs siecles les fermes des Monnoyes, les Doüanes, & les Levées des Deniers Royaux, comme ils ont tenu les Changes, & les Banques de Lyon, d'Anvers, de Bezançon, de Paris, de Roüen, de Marseille &c. Ce sont eux qui ont apporté les Manufactures des Soyes & des Dorures à Tours & à Lyon, principalement les Milanois, les Genois, les Luquois & les Bolognois, qui en font le plus grand trafic.

Comme les Italiens ont generalement un temperament doux, ils sont naturellement portez aux plai-

sirs,

sirs, & il est peu de Nation qui aime plus ses commoditez. Ils voyagent peu, parcequ'il y a à souffrir dans les voyages. Leurs Maisons sont ordinairement belles & propres, avec des Jardins, des Balçons, des Galeries, des Cabinets & des Peintures, n'étant pas curieux d'ailleurs d'avoir des meubles fort pretieux, mais propres. Ils sont sobres & il y a beaucoup de frugalité en leurs tables, leurs Festins sont plus splendides en decorations qu'en viandes; les sucreries & les confitures y sont en abondance; parcequ'elles peuvent servir à plusieurs decorations, & qu'elles ne se gâtent pas comme les viandes.

Ils aiment la Musique & se plaisent aux Instrumens & aux symphonies, parmi leurs divertissemens ils ont peu d'exercices violens, parcequ'ils aiment le repos. Ils aiment les nouvelles & à raisonner sur les affaires politiques, pour lesquelles ils s'interessent avec chaleur, se declarant pour divers partis, selon leurs inclinations, & faisant force gageures sur les évenemens & le succés des affaires de diverſes Nations.

Peu de gens prennent le parti de la guerre, ou parcequ'ils ſe trouvent ſous des Gouvernemens pacifiques, ou parcequ'ils fuïent les incommoditez de la vie militaire.

Il en eſt pourtant ſorti d'excellens Capitaines & Generaux d'Armées, parcequ'ils agiſſent avec moins d'emportement & conſervent un grand ſens froid dans leurs entrepriſes. Comme ils ſont ou ſous des Princes Eccleſiaſtiques, ou dans des Republiques, & d'autres plus petits Etats, ils vont chercher Emploï dans les Cours étrangeres pour la Guerre. Les Spinola, les Doria, les Ducs de Parme & de Modene, Les Gonzagues, les Picolomini, les Sforces & les Viſconti, Les Baglioni & quelques autres ſe ſont rendus célébres en commandant les Troupes Imperiales, Françoiſes, Eſpagnoles & d'autres Etats.

Voilà les reflexions de ce Voïageur ; donnons un échantillon de la relation de ſon Voïage de Savoye & de Piemont, pour faire voir avec quel goût & quelle exactitude il voyageoit.

„Les

« Les Etats du Duc de Savoye par où je suis entré dans l'Italie, sont divisez en deux par les Alpes qui separent la Savoye du Piemont. Le Langage de ces deux Pays est different. Les Savoyards parlent François & sont vêtus à la françoise. Le pont de Beauvoisin qui separe la Savoye du Dauphiné & les Etats du Roy de ceux du Duc, est un bourg partagé en deux par une petite riviere, sur laquelle est un pont qui fait cette separation comme il unit les deux parties du Bourg.

« Aprés avoir passé ce Bourg on commence à trouver les Alpes, que l'on passoit autrefois avec beaucoup de peine par une Montagne nommée Aiguebelette, mais le Duc de Savoye à fait ouvrir un chemin beaucoup plus aisé en coupant des Montagnes, & c'est pour apprendre à la posterité, l'obligation qu'on lui a, de ce nouveau passage, qu'il a fait mettre cette Inscription en marbre appliqué sur le rocher, avec quelques ornemens d'Architecture.

L'Inscription qui devoit être ici a été mise par inadvertance au tome premier page 127.

„ Ce fut par-là que je passai pour
„ me rendre à Chamberi Capitale
„ de toute la Savoye. Cette Ville
„ n'est pas des plus agréables, ni
„ pour son assiette, ni pour ses bâti-
„ mens. Elle est petite, mais fort
„ peuplée, particulierement dans
„ les Faux-bourgs, dont ceux que
„ l'on nomme de Maché & de
„ Montmeillan, n'ont guéres moins
„ d'habitans que toute la Ville. Elle
„ est placée entre deux Montagnes,
„ qui en bornent la vûë du côté du
„ Septentrion, de l'Orient, & du
„ Midi. Elle est un peu plus ouver-
„ te vers le Couchant par une lon-
„ gue Vallée, au bout de laquelle à
„ deux lieuës de-là, est le Lac du
„ Bourget, de trois lieuës d'éten-
„ duë, & d'une de largeur, il se dé-
„ charge dans le Rhône au dessous
„ de Pierre-chatel, où est une Char-
„ treuse fondée par les Ducs de Sa-
„ voye, pour leur Ordre des Cheva-
„ liers de l'Annonciade. C'est dans
„ ce Lac que se va rendre la petite
riviere

CAROLUS EMANUEL II.

SABAUDIÆ DUX, PEDEMON. PRINCEPS, CYPRI REX,

PUBLICA FELICITATE PARTA

SINGULORUM COMMODIS

INTENTUS,

BREVIOREM SECURIOREMQUE

VIAM REGIAM

A NATURA OCCLUSAM, ROMANIS

INTENTATAM

DEJECTIS SCOPULORUM REPAGULIS,

ÆQUATA MONTIUM INIQUITATE,

QUÆ CERVICIBUS IMMINEBANT

PRÆCIPITIA PEDIBUS SUBSTERNENS,

ÆTERNIS POPULORUM BENEFICIIS

PATEFECIT.

Anno MDCLXX.

Chr

e de I
lura
ntrio
Tous
ne a
en
part
re qu
e dan
y a
plaifa
onfu
e por

ar fa
onti C

ces r
allufic
gufte,
que,
rbre.

ueum
uimus,

ette V
de la
nt les

riviere de Leysse qui coule le long " des Murailles de Chamberi au " Septentrion, & qui prend un peu " au dessous, deux autres ruisseaux, " l'Urbane ainsi nommé parce qu'il " coule en divers endroits sous la " plus-part des maisons de la Ville, " & Lere qui venant des Montagnes " tombe dans Leysse en un endroit " où il y a un Pont de pierre avec " cette plaisante Inscription; au nom " des Consuls de la Ville, en l'année " que ce pont fut construit. "

Impar famoso, si Leria non foret Istro
Ponti Cæsareo par propè noster erat.

Avec ces mots aussi plaisans, qui " font allusion à ce qu'on avoit dit " d'Auguste, qu'ayant trouvé Rome " de brique, il l'avoit laissée toute " de marbre. "

Ligneum invenimus, Lapideum relinquimus.

„ Cette Ville est le siege du Senat & de la Chambre des Comptes, " qui sont les deux Cours Superieu- "

res

„ res qui affectent de retenir le nom
„ de Cours Souveraines, dont elles
„ prennent le titre dans leurs Edits,
„ *de Souverain Senat & de Souveraine*
„ *Chambre des Comptes.* Le sieur Ca-
„ pré qui a écrit l'histoire de cette
„ Chambre, l'a donnée sous ce titre
„ *Histoire de la Souveraine Chambre des*
„ *Comptes de Savoye.*

„ Le Senat est composé de quatre
„ Presidens, deux Chevaliers, quinze
„ Senateurs, un Avocat & un Procu-
„ reur Generaux. Le fameux Prési-
„ dent Favre qui fut Chef de ce Se-
„ nat, l'a rendu celébre par ses
„ écrits. Mr. de Vaugelas à qui nô-
„ tre langue est si fort obligée pour
„ ses sages remarques, étoit un de ses
„ fils. Le Senat n'a point de Palais, il
„ tient ses Seances dans le Cloître
„ des Freres Prêcheurs, & ses Au-
„ diences dans leur Refectoir. La
„ Chambre se tient dans le vieux
„ Château qui étoit la demeure an-
„ cienne des Ducs, avant qu'ils se
„ fussent retirez à Turin. Ce Châ-
„ teau n'a rien de considerable que
„ son antiquité.

„ La Sainte Chapelle qui est dans
son

son enceinte est l'ancienne Chapelle des Ducs, où étoit conservé le Suaire de nôtre Seigneur, qui est à present à Turin, depuis l'Incendie de cette Chapelle, qui fut seulement reparée au tems du Mariage du Duc Charles Emanuel II. avec Mademoiselle de Valois Françoise d'Orleans fille de Monsieur Gaston de France, Frere du feu Roi. Cette Chapelle est servie par des Chanoines dont le Chef prend la qualité de Doyen de Savoye & porte le rochet, le camail & la croix comme Prélat. Cependant l'Evêque de Grenoble qui a la ville de Chamberi dans son Diocese prétend être le Doyen de tout le Decanat de Savoye, & en fait un de ses titres.

„ Il y a hors cette Ville sur une petite Montagne une fontaine fort abondante, qui fournit de l'eau à toute la Ville & se nomme la fontaine St. Martin. L'Eglise de St. François des Religieux Conventuels, & le College des Jesuites sont les deux plus considerables Edifices de cette Ville. A deux

„ grandes lieuës de-là ſur le bord du
„ Lac du Bourget, eſt l'Abbaïe de
„ Haute-Combe, de Religieux Ber-
„ nardins. Là ſont les Anciens Mau-
„ ſolées des Comtes & Ducs de Sa-
„ voye, proche cette Abbaye eſt une
„ fontaine qui a flux & reflux, ce qui
„ lui a fait donner le nom de fontai-
„ ne de Merveille. Vis-à-vis cette
„ Abbaye ſur l'autre bord du Lac,
„ eſt le Bourg d'Aix celébre par ſes
„ eaux alumineuſes & ſoulfrées,
„ qui attirent tous les ans quantité
„ de malades de toutes les Provinces
„ voiſines.

„ Il y reſte des Monumens & des
„ Inſcriptions Romaines, qui font
„ voir que ce lieu a été autrefois
„ conſiderable. L'Ecurie du Châ-
„ teau eſt le reſte d'un vieux Tem-
„ ple. Je ne m'arrêtai pas à tranſcri-
„ re les Inſcriptions, parce que le
„ Chevalier Guichenon les a don-
„ nées dans ſon hiſtoire Genealogi-
„ que de la Maiſon de Savoye, quoi
„ que peu exactement.

„ Les Etats du Duc de Savoye au-
„ deça des Monts ſont diviſez en ſix
„ ou ſept petites Provinces. La Savoye

voye, le Genevois, le Faucigni, le Chablais, la Maurienne, & la Tarentaise. Le Val d'Aouste est une Vallée entre les Alpes par laquelle passa Annibal pour entrer en Italie. C'étoit le païs des Anciens Sabasses.

Le Genevois est un assez beau païs; & si le Duc de Savoye avoit la ville de Geneve, il auroit un Etat assez considerable deça les Monts, cette ville étant d'un grand commerce pour être la clef de la Suisse & de l'Allemagne. Elle est située sur le bord d'un grand Lac. L'Evêque qui en fut chassé quand cette ville quitta la Religion Catholique, s'établit depuis à Annecy qui est une petite ville placée sur le bord d'un autre Lac à qui elle a donné son nom. Elle a été longtems l'Appanage des Ducs de Nemours jusqu'à ce que par le défaut de Mâles elle a été réünie au domaine des Ducs de Savoye. Saint François de Sales l'un de ses Evêques l'a rendu considerable par sa Sainteté & le concours qu'on faisoit à son tombeau celébre par un

grand

„ grand nombre de Miracles, s'est
„ beaucoup accrû depuis sa Canoni-
„ sation. Ses Reliques reposent sur
„ le Maître Autel des Dames Reli-
„ gieuses de la Visitation, dans un
„ grand Reliquaire d'Argent, où à
„ travers des Christaux, on voit
„ l'Image de ce Saint vétuë des ha-
„ bits sacerdotaux, avec la mître &
„ la crosse à ses côtez. Ses ossemens
„ sont couverts de cette representa-
„ tion, & l'on peut baiser le crane de
„ sa tête par une petite ouverture
„ pratiquée dans ce Reliquaire.

„ Cette Ville est encore illustre
„ pour avoir été le premier berceau
„ de l'Institut de la Visitation, fon-
„ dé par ce Saint. Il y en a deux Mo-
„ nasteres, en cette Ville, parce que
„ les premieres filles qui lui avoient
„ donné commencement ayant été
„ du vivant du St. Fondateur, trans-
„ ferées au lieu où est à present le
„ premier & grand Monastere, pour
„ conserver cependant le lieu que
„ ces premieres filles avoient sancti-
„ fié par leurs premiers essais, & où
„ elles avoient reçû leurs regles de
„ leur Bien-heureux Pere, elles en
ont

ont fait un ſecond Monaſtere, qui “
n'eſt que le ſoixante cinquiéme de “
l'Inſtitut ſelon l'ordre de ſon éta- “
bliſſement. “

Le Chablais eſt un aſsès agreable “
païs pour être en partie ſur l'une “
des rives du Lac de Genéve, vis-à- “
vis le païs de Vauds, qui étoit au- “
trefois aux Ducs de Savoye, mais “
qui ayant été engagé au Canton “
de Berne, eſt demeuré entre les “
mains des Suiſſes. “

Je ne dirai rien ni du Faucigny “
ni de la Tarentaiſe, dont je n'ai vû “
que la pointe des Montagnes char- “
gées de neige. “

C'eſt à l'entrée de la Tarentaiſe “
& de la Maurienne que l'on ren- “
contre à deux lieuës de Chamberi “
la Citadelle de Montmeillan. C'eſt “
une petite Fortereſſe plantée ſur la “
pointe d'un Rocher eſcarpé qui “
l'a rend aſsès forte, élle eſt d'un “
plan irregulier accommodé à l'aſ- “
ſiette du Roc, dans lequel ſes foſ- “
ſez ont été taillez. Elle a des Baſ- “
tions & des tenailles de bonne dé- “
fenſe, avec quelques Bas-forts, & “
des ſources d'eau dans ſes foſſez. “

Elle

„ Elle paroît commandée d'une
„ montagne asſès proche où l'on a
„ autrefois porté du Canon pour
„ dreſſer des Batteries, & quoi qu'on
„ ait pris ſoin de ruïner ces endroits,
„ il n'eſt pas impoſſible d'y en prati-
„ quer d'autres.

La Maurienne eſt le paſſage le plus ordinaire de France en Italie, il ſemble qu'elle ait eu le nom, de la couleur de ſes habitans qui ſont fort noirs, aſſez difformes & vêtus d'une maniere extravagante. Je parle du Païſan & des gens de Campagne. Ce ſont les anciens Brannoviciens, dont Ceſar fait mention en ſes Commentaires; Braman en étoit autrefois la Capitale, aujourd'huy ce n'eſt qu'un village. St. Jean de Maurienne eſt l'unique ville de cette Province, ſi l'on peut donner le nom de ville à un bourg, qui n'eſt pas fermé mais qui eſt ſiege Epiſcopal. Il a ce nom à cauſe de la grande Egliſe dediée a St. Jean Baptiſte, dont elle a deux doigts dans un Reliquaire d'argent, qui fait les Armoiries du Chapitre & de la Ville avec cette difference que l'un porte d'A-

zur

zur à un bras d'argent la main levée pour benir, & l'autre le porte en champ de gueules. A la porte de cette Eglise est un ancien Tombeau des trois premiers Comtes de Maurienne, Humbert, Amé & Boniface, à qui les Chanoines ont fait depuis quelques années une espece d'Epitaphe peinte sur le Mur.

Toute cette petite Province n'est qu'une chaine de montagnes avec une vallée fort étroite, tout le long de la quelle coule l'Arc, Riviere tres-rapide que l'on passe quinze ou seize fois sur divers ponts. A l'entrée de cette vallée est Argentine qui est le lieu des Mines de Fer, & de Cuivre, qu'on y fond & qu'on y met en œuvre en faulx, clouds, quarreaux d'Acier & fil de Fer, que l'on envoye en France.

Au fond de la Maurienne, on trouve le Montcenis qui separe la Savoye du Piemont; on le passe ordinairement sur des Mulets, pour soulager ses chevaux & pour plus de seureté. Au dessus est une Plaine de deux lieuës, & un Lac sur lequel on donna à Madame Royale

Chrê-

Chrétienne de France l'an 1619. le 12. de Decembre le divertissement d'une Naumachie & d'une Armée Navale qui representoit le siege & le secours de la Ville de Rhodes, ce fut quand cette Princesse passa cette montagne la premiere fois pour aller à Turin, aprés son Mariage avec le Prince Victor Amedée. A la descente de cette montagne on se fait porter sur des chaises à brancards jusqu'à la Novalese qui est un bourg où commence la plaine de Piemont, & un Monastere de St. Bernard celébre par l'ancienne Chronique dite de la Novalese, écrite par un Religieux de ce Monastere, érigé sous le titre de St. Pierre. Ce Monastere est situé entre trois Montagnes dont l'une est le Montcenis, que l'on dit avoir été ainsi nommé d'un grand amas de cendres, qui y resta aprés qu'on eut brulé une grande Forêt qui s'étendoit d'un bout de la Montagne à l'autre. La seconde Montagne, est Roche Remoulon, sur laquelle est une chapelle qu'on nomme Nôtre-Dame des Neiges, parcequ'il y a ordinaidinairement beaucoup de neiges. L'autre Montagne est le Mont-Genevre, qui separe le Dauphiné du Piemont, & qui a été durant les dernieres guerres le passage ordinaire de nos troupes.

Depuis la Novalese, on se trouve dans les Etats de delà les monts qui appartiennent au Duc de Savoye. Le Pays est incomparablement plus beau, étant une plaine perpetuelle mais qui est encore vallée jusqu'a Rivoles, parcequ'il y a de part & d'autres des montagnes, qui s'élargissent à mesure qu'on avance vers Turin. Les Bourgs & les Maisons de cette vallée se sentent des dernieres Guerres, qui les ont ruïnées. On y entre par le Pas de Suze rendu celébre par l'entreprise de Louis XIII. qui le força aprés la prise de la Rochelle. On voit encore quelque restes de redoutes, & de retranchemens sur ce Passage auprés duquel est la Ville de Suze fort ruinée. Dans un Bourg de cette vallée nommé Bozzolin je trouvai au milieu de la ruë, à l'entrée, une vieille Inscription sur une pierre cou-

coupée en travers, dont il ne restoit que ce fragment.

TI. CL. Λ...
RVSTIC...
CAPITONI EV
VERCONI SEGIA
CLAVD. VIRIATA I
CLAVD PRIMIGENI.
PINARIO SEVERO IN.

Le Piedmont, qui a ce nom de son assiette au pied des Alpes, est un beau Pays, que l'art ne rend pas moins fertile que la nature, puis qu'on prend soin d'y conduire par toute la campagne l'eau des deux Doires & de la Sture, que l'on distribuë à heures reglées pour arroser les champs qui demeureroient secs & steriles sans ce secours. C'est au milieu de cette Campagne & prés des rives du Po, que l'on trouve la Ville de Turin qui est le siege du Prince & la Capitale de Ses Etats; C'est une Ancienne Colonie Romaine, mais la vieille Ville est peu de chose, la nouvelle est élegante & magnifinifique, & si elle étoit toute semblable au quartier qui s'étend de la Porte de France jusqu'au Palais, ce seroit l'une des plus belles Villes du Monde, puisque toutes les ruës en sont droites, larges & bien percées, les maisons égales en hauteur & en structure, avec deux grandes Places, & quelques Eglises fort propres, & fort élegantes. Ce fut le Duc Victor Amedée qui commença cet aggrandissement, que son pere avoit projetté. Madame Royale durant sa regence, l'a mise en l'état que nous la voyons & si l'on continuë à y bâtir des Palais & à l'étendre vers le Po, on en fera une tres-belle Ville. Le Palais des Ducs n'est pas des plus grands, mais les appartemens en sont fort propres & fort commodes. Le Comte Tesoro l'un des plus delicats esprits de toute l'Italie, l'a rempli de Peintures, de Devises, & d'Ornemens ingenieux qui peuvent satisfaire les yeux sçavans.

On trouve d'abord sur le premier repos du grand Escalier, l'Image du Duc Victor Amedée à cheval avec cette Inſcription.

D. VICTORIS AMEDEI
BELLICAM FORTITUDINEM
ATQUE INFLEXUM JUSTITIÆ RIGOREM
METALLO EXPRESSUM VIDES:
TOTUM ANIMUM VIDERES
SI VELOX INGENIUM
FLEXILEMQUE CLEMENTIAM
EXPRIMERE METALLUM
POSSET.

Il y a encore une autre Inſcription ſur la face oppoſée du piedeſtal. La grande Sale repreſente la grandeur de la Maiſon de Saxe, dont on tient que celle des Ducs de Savoye eſt iſſuë, & l'on y voit les victoires & les trophées de Siqueard, Vitichind, Vertegire, Henry l'Oiſeleur, Henry Lion, Brunon, Conrad & les Othons Empereurs. On voit au-deſſous l'origine & les divers changemens des Armoiries des Saxons.

L'autre Sale qui ſuit, eſt celle des digni-

dignitez de la Maiſon de Savoye ; on y voit la Majeſté qui donne des Sceptres, des Couronnes, des Epées, des Bâtons de commandement &c. & dans le contour le Vicariat de l'Empire donné par l'Empereur Conrad à Amé 2. comte de Savoye, & enſuite les Alliances, Mariages & autres Traitez qui ont acquis diverſes Terres, & divers Titres à cette auguſte famille. Il y a une chambre tournée au midi, qui eſt conſacrée aux Vertus : & divers évenemens de l'Hiſtoire y font voir la Religion, la Pieté, la Magnificence, la Liberalité, la Clemence, la Severité, la Juſtice, la Modeſtie, l'Elegance, la Fidelité & la Force de ces Princes.

On paſſe de cette Chambre à celle des Victoires. Dans le Plafonds on voit la Victoire qui donne des Palmes & des Couronnes de laurier, & quantité de petits Amours, qui portent des Couronnes antiques des Triomphateurs Romains. Douze victoires illuſtres remportées par ceux de cette Maiſon rempliſſent le contour de cette chambre.

La chambre que l'on nomme de Parade, est consacrée à la paix. Orphée y assemble des Animaux de toutes sortes au son de sa Lyre, & des Bergers & des Nymphes y font des danses & des jeux. Je ne sçai si cette peinture convient bien à la dignité d'un lieu où se tiennent les Audiences d'un Souverain & si cette assemblée de bêtes, n'a rien qui puisse rebuter ceux qui vont parler dans ce lieu.

Le cabinet, qui est aprés cette chambre, est dedié à l'Amour conjugal & l'on y voit quelques Devises, & quelques Chiffres qui en sont les symboles.

La chambre où le Prince couche, est ornée de trois peintures qui representent les songes heroïques d'Annibal, de Themistocle, & de Cesar.

Comme tout le quartier, qui regarde le midi, exprime la grandeur des Princes ; celui qui est tourné au septentrion, represente celle des Princesses, & la premiere Sale represente les Princesses de divers Etats de l'Europe alliées aux Com-

tes

tes & Ducs de Savoye. Dans le Plafonds est le Triomphe des nôces de Junon, suivi de la Noblesse, de la Vertu heroïque, de l'Amour & de l'Hymen; quatre fleuves la Seine, l'Ibere, le Rhein & le Danube remplissent les quatre angles, pour representer la France, l'Espagne, l'Allemagne & l'Empire d'Orient, d'où sont venuës les Princesses Epouses de ses Souverains, & douze Tableaux en font voir les mariages avec quatre emblêmes des nôces d'Hypsicratée, Semiramis, Laodamie & Euridice. Comme cette premiere Sale fait voir les Princesses étrangeres qui se sont alliées à cette Couronne; la suivante fait voir celles du Sang de Savoye qui ont porté la vertu & la gloire de leur Maison dans les autres Familles Souveraines. On passe de celle-là à celle des Graces, où elles sont peintes en diverses attitudes avec les ris, la modestie, la beauté &c.

Il y a une chambre particuliere, destinée à representer le bonheur des alliances que cette maison Royale a faites avec celle de France, on n'y voit de tous côtez que des genies qui portent des Lys, avec diverses devises sur ces fleurs. Le cabinet a les devises des Princes & des Princesses.

Le vieux Palais est maintenant negligé; & il n'y a que la Galerie qui est remplie d'une infinité de tableaux des plus excellens Maitres. Le plus beau & le plus estimé est une Venus de Michel-Ange, qui est dans le fond, couverte d'un petit rideau, & au de là, est le cabinet des desseins, où il y en a quantité de Michel-Ange & de quelques autres Peintres fameux.

On peut voir par cet échantillon, avec quelle exactitude, & quel goût, voyageoit celui qui a composé cette relation de son voyage d'Italie. Sur quoi il est bon d'observer, qu'il est difficile de faire des descriptions si justes quand on ne fait que passer, sans faire quelque sejour dans les pays, que l'on entreprend de décrire, ce qui fait que l'on a peu de relations de voyages qui puissent instruire ceux qui les lisent, à moins que les voyageurs n'ayent n'ayent prevû & preparé leurs voïages, en lisant les histoires & les descriptions des Païs dans lesquels ils veulent aller, & n'ayent dressé auparavant des Memoires des choses qu'ils y veulent remarquer sur les connoissances qu'ils en ont prises en lisant ces histoires & ces descriptions.

On peut tirer de semblables secours des anciens Manuscrits, particulierement de ceux qui sont exacts à marquer ce qui s'est passé dans les tems auxquels ils ont été écrits. Ce qui se connoît par diverses dattes & par d'autres circonstances. C'est à quoy il faut prendre garde, spécialement à l'égard des Chroniques écrites par des Moines, dont les commencemens sont ordinairement remplis de fables, jusqu'à ce que l'on vienne aux tems qu'ils ont pu voir, & auxquels ils ont été mieux informez des faits qu'ils rapportent comme témoins. Il faut aussi observer les additions qui ont été faites par d'autres dans la suite des temps, & que l'on ne peut confondre sans tomber dans de grands Anachroniſmes.

V.

Des Manuſcrits.

Les anciens Manuſcrits ne ſont pas de ſimples ornemens de Bibliotheque ; ils ſont d'un grand ſecours pour les ſçavans & des treſors d'antiquité, dont on peut tirer de grandes connoiſſances pour divers genres de Litterature. Car il y en a de pluſieurs eſpéces differentes qui peuvent ſervir à diverſes fins.

Les Manuſcrits des Livres Sacrez, des Peres & des Conciles, ſervent à reconnoître les alterations, & les depravations des Textes, faites par les Herétiques ou par l'ignorance & le peu d'attention des Copiſtes. C'eſt ce qui a donné lieu à tant de Critiques, de les examiner, & de publier diverſes leçons, ſur leſquelles ils ont donné des notes, & formé de ſçavantes conjectures.

Les plus anciens ſont les plus recherchez comme ayant été moins alterez, pour avoir paſſé par moins de de mains de copistes. Ainsi ceux qui sont d'une plus haute antiquité passent pour originaux : ceux qui se sont attachez à cette recherche, se flattent d'en connoître, à peu prés l'ancienneté & le tems auquel ils ont été écrits, par la forme des caracteres les plus usitez en divers temps.

Les Interpretes des Livres Sacrez ont pris un grand soin de consulter ces Manuscrits, pour établir la verité de leurs interpretations, qui dependent non-seulement d'une phrase, d'un mot, & d'une syllabe; mais encore asses souvent du changement d'une lettre, pour cela ils s'appliquent à conferer ces Manuscrits, & ne manquent presque jamais de marquer les Bibliotheques où ils sont conservez, afin que l'on y puisse avoir recours quand on veut en tirer des éclaircissemens. C'est de la Bibliotheque du Roy, de Saint Victor, de la Bibliotheque de l'Empereur, du Palatin, de Baviere, de l'Abbaye de Fuldes, &c.

On consulte aussi les Bibles Syriaque, Chaldaïque, Samaritaine, les Septante, &c. pour voir si par cette diverſité de Langues, on pourra decouvrir le vrai ſens, qui peut paroître plus devéloppé en quelques unes de ces verſions. On obſerve preſque la même choſe pour les ouvrages des Saints Peres, où l'on trouve des paſſages de l'Ecriture diverſement interpretés ſelon les Bibles qu'ils ont vûës. On juge auſſi de l'Authenticité de leurs écrits, ſur certains indices qui marquent que ce ſont les vrais ouvrages de ces Peres, & quand on y découvre des Anacroniſmes, on les tient comme ſuſpects, pour avoir été alterez par des additions qui ne ſe rapportent pas aux tems auſquels ils ont vécu. Ce qui a été l'occaſion de tant de Critiques ſur les Oeuvres de St. Denys l'Aréopagite, ſur les Epîtres de St. Ignace d'Antioche, de St. Polycarpe, & ſur quelques autres Ouvrages que l'on tient n'être pas ſi anciens.

Les Manuſcrits des Auteurs prophanes ne ſervent guéres qu'à expoſer diverſes leçons, à corriger certaines fautes, & à rétablir certains paſſages mutilez, ou alterez, qui ſont

peu

peu intelligibles en quelques éditions.

Il y a certains Manuscrits qui ne contiennent que des actes de donation, de privileges, de Bulles, & d'autres pareils instrumens, qui sont les Titres de tant d'anciennes Eglises, Monasteres, Chapitres, & autres Communautez, que l'on examine avec d'autant plus d'exactitude, qu'en ayant découvert plusieurs supposez, ou falsifiez, il en est peu qui ne paroissent suspects à certains Critiques déterminez à les rejetter la plus-part. Le sçavant P. Mabillon a publié une ample dissertation sur ces actes Manuscrits, en son traité *De Re diplomatica*, sur lequel le P. Germon Jesuite lui a proposé recemment ses doutes, où sur les régles données par ce sçavant Benedictin, il trouve des moyens de rendre suspects ceux que ce Pere avoit jugé hors de soupçon de fausseté.

Les Manuscrits les plus recherchez, sont ceux qui contiennent des faits historiques, & qui peuvent servir de memoires pour écrire l'histoire ou de preuves pour en justifier les

 faits.

faits. C'est de semblables titres qu'on accompagne les histoires, principalement des Eglises, des Provinces, des Villes, & des Communautez.

Quelques Sçavans ont pris soin de publier des recüeils de ces titres, comme le P. Labbe en sa Bibliotheque manuscrite, le P. Luc d'Acheri en son Spicilege, M. Baluze & le P. Mabillon en leurs Miscellanées, Henry Canisius, Duchesne, le sieur Guichenon, M. Perard, &c. On a aussi donné depuis quelques années des piéces plus recentes pour servir à l'histoire des derniers regnes.

Il y a dans la Bibliotheque du Roi un très-grand nombre de recüeils, de Lettres, d'Ambassades, de Negotiations & d'autres actes, ramassez par M. le Comte de Bethune, qui fut Ambassadeur à Rome & qui étoit très-curieux. Ces recüeils sont d'un grand secours pour écrire nôtre histoire depuis Loüis XI. Comme il n'est rien de plus curieux que certains memoires dressez par des personnes de qualité, qui ont pris soin de marquer ce qui se passoit de leur tems & sous leurs yeux. Tels sont les Memoires d'un Bourgeois de Paris du tems de Louïs XI. qui ont été imprimez sous le titre de Chronique scandaleuse. Louïse de Savoye Mere de François I. fit aussi un Journal de plusieurs choses qui concernoient le Roi son fils. On a aussi imprimé les Memoires de Brantome, ceux du Chancelier de Chiverny, ceux de M. de Villeroy Sécretaire d'Etat, de la Reine Marguerite, de Mr. de Castelnau, du Maréchal de Bassompierre, de Mr. de Guise, de Mr. de Marillac Secretaire du Duc de Montpensier, & du Connêtable de Bourbon.

Il y a dans ces Memoires certains traits curieux que l'on ne trouve pas ailleurs, & il y a plusieurs Cabinets qui n'ont rien de plus rare que quelques Manuscrits de cette espéce.

Les Inventaires des Chartres du Roy dressez par Mrs. Dupuy, & divers Extraits de Registres du Parlement & de la Chambre des Comptes font aussi les singularitez de plusieurs bonnes Bibliotheques.

Ainsi rien n'est plus propre à ren-

dre

dre célébres ces Cabinets des Curieux, que des ramas de ſemblables Manuſcrits, & de pluſieurs piéces volantes, factums, diſputes, queſtions, ſatyres, chanſons, vaudevilles, relations, diſſertations, & reflexions ſur certains évenemens extraordinaires. Comme celui du Monaſtere de St. Pierre de Lyon, du tems que François I. étoit en cette Ville, & qui fut décrit par Adrien de Montalambert, l'un de ſes Aumoniers, qui avoit été preſent par ordre de Sa Majeſté, à toutes les procedures faites par l'Evêque ſuffragant de l'Archevêque de Lyon. Cette relation fut imprimée trois fois. La premiere à Paris en 1528. ſous ce titre, *la Merveilleuſe Hiſtoire de l'eſprit qui s'eſt apparu aux Religieuſes de St. Pierre de Lyon, par Adrien de Montalambert.*

L'année ſuivante cette même hiſtoire fut imprimée à Roüen chez Rolin Gauthier ſous ce titre, *La merveilleuſe Hiſtoire de l'eſprit qui depuis n'a guéres s'eſt apparu au Monaſtere des Religieuſes de St. Pierre de Lyon, laquelle eſt pleine de grande admiration,*

comme

comme l'on pourra voir par la lecture de ce present livre.

Enfin en 1580. cette même Histoire fut réimprimée in 12. à Paris chez Pinard, sous ce titre plus exprès, *Histoire merveilleuse de sœur Alis de Thesieux Religieuse de St. Pierre de Lyon, laquelle s'est apparuë après son decès à sœur Antoinette.* Voici la maniere dont Montalambert addressa au Roy cet écrit.

A la loüange & haute magnificence de Dieu le Createur : à la confusion & extermination de la Secte damnable des faux Herétiques Lutheriens & leurs Sectateurs. Et aussi, très-cher Sire, afin de recorer aulcunement Vôtre très-Haute Majesté pour prendre quelque passe-tems à faire lire le contenu des incomprehensibles secrets de Dieu Tout-puissant, & ouïr raccompter les grans merveilles qui sont avenuës n'a guéres à Lyon sur le Rhône, Ville bonne & renommée, en l'Abbaye des Nonnains ou Religieuses de Saint Pierre, qui sont de l'Ordre de Saint Benoît, lesquelles merveilleuses avan-

„ avantures, je n'ai pas ouï tant seu-
„ lement raccompter, ains les ai vûës
„ & ai été present à toutes les actes
„ que en icelle Abbaye ont été pour
„ ce faites. Desquelles choses, Sire,
„ ainsi avenuës, j'ai composé ce pre-
„ sent traitié pour le vous montrer,
„ & presenter, & par icelui vous
„ avertir entierement de tout ce
„ qu'il a été fait pour la délivrance
„ de l'ame de feu sœur Alis, jadis
„ Secretaine dudit Monastere. Aussi
„ incité par les prieres de la bonne
„ Abbesse & de ses devotes Reli-
„ gieuses. Ensemble pour la requête
„ qu'on en a fait évidemment par
„ ses signes la povre ame, comment
„ je dirai ci-après en la fin de ce li-
„ vre, que je voulsisse procurer sa
„ délivrance totale vers vôtre puis-
„ sance Royale, Sire, & par l'en-
„ nortement & commandement de
„ Reverend Pere en Dieu Messire
„ Barthelemi Dubois Docteur en
„ Theologie, Evêque & Suffragant
„ de Lyon, j'ai mis ordre & compo-
„ sé la forme & maniere de cérémo-
„ nies & solemnitez requises, & ne-
„ cessaires en tel affaire. Ensemble
les

les benedictions & excommunica- «
tions, interdictions, conjurations, «
interrogations, oraisons, suffrages «
& absolutions, lesquelles furent «
observées & gardées entierement «
au service de la délivrance de la- «
dite ame comme plus à plein sera «
vû par ce qui s'ensuit &c. «

On trouve aussi dans les Registres de plusieurs Hôtels de Ville, des relations & descriptions, des Entrées des Princes, & de plusieurs cérémonies singulieres, que l'on ne sçauroit trouver ailleurs & que les curieux sont soigneux de recüeillir.

Le Cérémonial de France nous represente quelques-unes de ces piéces, mais il seroit beaucoup plus complet & plus diversifié qu'il n'est, si l'on avoit pris soin d'avoir des extraits authentiques de ces relations.

En voici une des plus curieuses touchant le Sacre du Roi Charles VII.

C'est une lettre de trois Gentilhommes de la suite du Roi qui écrivirent conjointement aux deux Reines, la Reine de France, & la Reine de Sicile, ce qui s'étoit passé en cette cérémonie le 17. Juillet 1429.

L'original de cette Lettre eſt dans les Archives de l'Abbaye de la Beniſſon-Dieu au païs de Forès, & c'eſt ſur cet Original que la copie ſuivante a été fidelement extraite.

A LA ROYNE ET A LA Royne de Cecile Nos Souveraines & très-redoutées Dames.

„ Nos Souveraines & très-redoutées
„ Dames, plaiſe vous ſçavoir que yer
„ le Roy arriva en cette ville de
„ Rains, ou quel il a trouvé toute
„ pleine d'obeïſſance. Aujourd'hui
„ a été Sacré & Couronné & a eſté
„ moult belle choſe à voir ce beau
„ myſtere. Car il a eſté auxi ſolem-
„ pnel & accouſtré de toutes ſes be-
„ ſognes y appartenans auxi bien &
„ ſi convenablement pour faire la
„ choſe, tant comme abis Royaux
„ & autres choſes à ce neceſſaires
„ comme s'il eut mandé un an aupa-
„ ravant, & il y a eu autant de gens
„ que c'eſt choſe infinie à écrire, &

Auxi la grande joye que chacun en "
avoit. "

Messeigneurs les Ducs d'Alen- "
çon, le Comte de Clermont, le "
Comte de Vendôme, les Seigneurs "
de Laval & la Trimoille y ont été "
en abis Royaux, & Monseigneur "
d'Alençon a fait le Roy Chevalier "
& les dessus-dits representoient les "
Pairs de France. Monseigneur "
d'Albret a tenu l'Epée durant le "
dit mystere devant le Roy. Et "
pour les Pairs de l'Eglise, y es- "
toient avec leurs crosses & mitres : "
Monseigneur de Rains, de Chaa- "
lons qui sont Pairs & en ce lieu des "
autres, les Evêques de Sées & d'Or- "
leans & deux autres Prelats. Et "
mondit Seigneur de Rains a fait "
le dit Mystere & Sacre qui luy ap- "
partenoit. Pour aller querir la Ste. "
Ampolle en l'Abbaye de St.Remy "
& pour la apporter en l'Eglise de "
Nôtre Dame où à été fait le Sacre, "
furent ordonnez le Maréchal de "
Bossac, les Seigneurs de Rais, "
Granville & l'Amiral avec leurs "
quatre bannieres que chacun por- "
toit en sa main, armez de toutes "

„ piéces & à cheval bien accompa-
„ gnez, pour conduire l'Abbé dudit
„ lieu qui apportoit la dite Ampolle
„ & entrerent à cheval en la ditte
„ grande Eglise & descendirent à
„ l'entrée du chœur, & en cet état
„ l'ont renduë après le service en la
„ dite Abbaye; lequel service a du-
„ ré depuis neuf heures jusqu'à d'eux
„ heures & à l'heure que le Roy fut
„ sacré & auxi quand on lui assist la
„ Couronne sur la teste, tout hom-
„ me cria *Noé*, & Trompettes son-
„ nerent en telle maniere qu'il sem-
„ bloit que les votes de l'Eglise se
„ deussent fendre. Et durant le dit
„ mystere la Pucelle s'est toûjours
„ tenuë joignant du Roy, tenant son
„ Etendart en sa main, & étoit moult
„ belle chose de voir les belles ma-
„ nieres que tenoit le Roy & aussi la
„ Pucelle, & Dieu sache si vous y
„ avez esté souhaitées.

„ Aujourd'hui ont esté faits par
„ le Roy, Comtes le sire de Laval &
„ le sire de Sully, & Rées Mare-
„ chal. Vendredy eust huit jours le
„ Roy mist le siége devant Troye &
„ leur fit moult forte guerre, si vin-
drent

drent à obeïssance, & y entra le "
Dimanche aprés par composition, "
& s'ils ne luy eussent fait obeissan- "
ce à son plaisir, il les eust pris par "
puissance, car c'est une chose mer- "
veilleuse à voir la grande puissance "
des gents qui sont à sa compagnie. "
Le Lundy suivant se partit le Roy "
de Troye tenant son chemin à "
Chalons, ceux de Chaalons ont "
envoyé devant demi journée ren- "
dre obeïssance, le Roy y entra "
Jeudy & s'en parti Vendredy te- "
tant son chemin en cette Ville & "
pareillement ceux de cette Ville "
sont venus rendre obeïssance & "
sont bien joyeux de sa venuë com- "
me ils montrent à leur pouvoir. "
Demain s'en doit partir le Roy te- "
nant son chemin vers Paris. On "
dit en cette Ville que le Duc de "
Bourgogne y a esté & s'en est re- "
tourné à Laon où il est de present. "
Il a envoyé sitôt devers le Roy, "
qu'il arriva en cette ville. A cette "
heure nous esperons que bon trai- "
té il trouvera avant qu'ils partent. "
La Pucelle ne fait doute qu'elle ne "
mette Paris en l'obeïssance. Audit "

Sacre

„ Sacre le Roy a fait plusieurs Che-
„ valiers & aussi lesdits Seigneurs
„ Pairs en font tant que merveille. Il
„ y en a plus de trois cent nou-
„ veaux.

„ Nos Souveraines & redoutées
„ Dames, nous prions le Benoist
„ Saint Esprit qu'il vous doint bonne
„ vie & longue. Escript à Raims ce
„ Dimanche X V I I. de Juillet.

Vos tres humbles & obeissants
Serviteurs Beauveau,
Moreal & Lusse.

Voilà une riche piéce pour nôtre histoire, par toutes les circonstances du Sacre du Roy Charles VII. si bien marquées. Il n'y a rien dans l'histoire de Monstrelet, ni en celle d'Alain Chartier, qui approche de cette exactitude, comme on pourra voir en comparant cette Lettre avec les Extraits de ces deux Historiens rapportez dans le Cerémonial de France.

Il est vray que pour mettre en œuvre de pareilles piéces, il faut faire des recherches de plusieurs choses, qui étant alors tres connuës, sont

ſont devenues obſcures par la ſuite des tems, ce qui fait voir l'addreſſe & l'exactitude d'un Hiſtorien à comparer diverſes piéces, pour ne laiſſer rien qui puiſſe tenir en ſuſpens un Lecteur.

La Reine à qui ces Seigneurs écrivirent étoit Marie d'Anjou fille de Louïs II. Roy de Jeruſalem & de Sicile, Duc d'Anjou, & de Madame Joland Reyne de Sicile & d'Arragon, à qui s'addreſſoit la Letre de ces Chevaliers conjointement avec ſa Fille Reyne de France.

Mrs. de Sainte-Marthe en leur Hiſtoire de la Maiſon de France ont dit que Louïs II. Roy de Sicile ayant ſeu que Charles VII. Roy de France ſon beau frere ſe vouloit faire couronner à Rheims, le vint trouver en France & aſſiſta à cette auguſte cérémonie. Mais cette Lettre eſt une preuve demonſtrative du contraire, puiſquelle ne fait nulle mention de lui, ce qui auroit été fort mal reçeu de la Reine Sœur de ce Prince & de la Reine de Sicile ſa Mere à qui ces Seigneurs écrivoient, de ne faire nulle mention de lui, s'il avoit été preſent.

L'Ar-

L'Archevêque de Rheims qui fit la cérémonie étoit Renaud de Chârtres, qui étoit Chancellier de France, depuis la destitution de Martin Gouge Evêque de Clermont.

L'Evêque de Châlons qui y fit sa fonction de Païr Ecclesiastique, étoit Jean de Sarebruche Seigneur de Commercy. Les autres quatre Pairs Ecclesiastiques, les Evêques de Laon, de Langres, de Noyon & de Beauvais ne s'y trouverent pas parcequ'ils tenoient pour le Duc de Bourgogne.

L'Evêque d'Orleans Jean de Saint Michel Ecossois, qui aprés la levée du siége de sa Ville, suivit la Pucelle, tint la Place de l'un de ces Evêques absens. Robert de Rouvres Evêque de Sées & Conseiller d'Etat, fit aussi pour un autre des absens, ce que firent aussi deux autres Evêques pour les deux autres qui manquoient, mais comme la lettre ne marque point leurs Diocéses on ne peut sçavoir quels y étoient.

Mrs. de Ste. Marthe n'ont pas même remarqué dans leur Gaule Chré-

Chrétienne que celui d'Orleans & celui de Sées se fussent trouvez à cette cérémonie.

Les Princes qui representerent les Pairs Laïques, furent Jean Duc d'Alençon second du nom qui fit pour le Duc de Bourgogne & fit le Roy Chevalier.

Le Comte de Clermont Charles de Bourbon Duc de Bourbon & d'Auvergne, Comte de Clermont & de Forés.

Le Comte de Vendôme, Louïs de Bourbon Comte de Vendôme & de Chartres grand Ghambellan & grand Maître de France.

Le Seigneur de Laval étoit Gilles de Laval Sr. de Retz & le Seigneur de la Trimouille George Baron de Sully de par sa Mere, Marie Dame de Sully & de Craon. Ces deux Seigneurs furent faits Comtes par le Roy en cette cérémonie & Laval Sieur de Rets fils de Gilles Maréchal de France.

Les Seigneurs qui escorterent la Sainte Ampoule furent.

I. Le Marêchal de Boussac, Jean de

Brosse sieur de Ste. Severo & de Boussac.

II. Le Seigneur de Rets André de Laval Fils de Gilles dont il a été parlé.

III. Graville. Louïs Malet Siéur de Graville qui fut depuis Amiral.

IV. L'Admiral Louïs de Culant Chevalier.

Qui voudroit sur cette Lettre décrire historiquement cette cerémonie, sans y laisser aucun Sens suspendu, devroit dire que le huitiéme de Juillet en l'année 1429. Charles VII. alla mettre le siege devant la Ville de Troye, & la pressa si vivement qu'étant obligée de se rendre par composition, il y entra le Dimanche suivant dixiéme du mois. Il en partit le Lundi, pour aller sommer la Ville de Châlons qui sans attendre sa venuë, envoya au devant de lui l'assurer de son obeïssance. Il y entra le Jeudi suivant, & le Vendredi il en partit pour poursuivre son chemin vers Rheims, où il arriva de lendemain & fut reçeu avec de grandes demonstrations de joye de tout le peuple. Enfin com-

comme il eut fait sçavoir qu'il venoit pour la cerémonie de son Sacre, on fit tant de diligence que tout fut prêt pour le lendemain.

Renaud de Chârtres Archevêque de Rheims & Chancelier de France, fit la cerémonie en qualité d'Archevêque Duc de Reims premier Païr Ecclesiastique. Il fut assité par Jean de Sarebruche Evêque de Châlons l'un des Comtes Païrs Ecclesiastiques, dont la Ville Diocesaine s'étoit renduë au Roy peu de jours auparavant, & ce Prelat se mit à la suite du Roy pour aller remplir sa fonction de Comte Pair.

Les Evêsques de Laon, de Langres, de Noyon & de Beauvais, qui tenoient pour le Duc de Bourgogne & pour les Anglois, ne s'y trouverent pas, Jean de S. Michel Evêque d'Orleans & Robert de Rouvres Evêque de Sées, remplirent leurs places avec deux autres Prélats.

Les Princes qui firent les fonctions des Pairs Laïques furent Jean Duc d'Alençon qui representa le Duc de Bourgogne & fit le Roy Chevalier.

 Char-

Charles Duc de Bourbon Comte de Clermont & Louïs de Bourbon Comte de Vendôme & de Chartres repreſenterent les Duc de Normandie & de Guyenne.

Les Comtes de Champagne, de Toloſe, & de Flandres furent repreſentez par Gilles de Laval ſieur de Rets qui fut fait Comte en cette cérémonie; par George de la Trimoille Baron de Sully qui fut auſſi fait Comte & par André de Laval fils du ſieur de Rets, ce dernier fut fait Marêchal de France, afin que par ces nouvelles dignitez ils paruſſent d'un rang égal à ceux qu'ils repreſentoient.

Charles d'Albret tint la place de Connêtable pour Artus de Bretagne Comte de Richemont & porta l'Epée devant le Roy, comme la Pucelle qui fut toûjours à ſes côtez, tenoit ſon Etendart.

La cérémonie dura depuis les neuf heures du matin juſqu'a deux heures aprés midi. Le Roy fit plusieurs Chevaliers auſſi bien que les Pairs, & il y en eut plus de trois cens.

Les

Les Registres des hôtels de Ville peuvent fournir depuis trois ou quatre cens ans diverses cérémonies des Receptions des Roys & autres Princes, qui ont des circonstances remarquables par les usages de divers païs. Ce qui n'entre gueres dans les Histoires generales du Roïaume, qui ne descendent pas à ces détails, qui seroient infinis, mais qui doivent entrer dans les Histoires particulieres des Provinces & des Villes, qui n'ont pas d'ailleurs un si grand nombre de faits considerables. Il y a cependant assez souvent des singularitez remarquables & dignes de la curiosié de ceux qui bornent leurs études aux sujets qui peuvent entrer dans les entretiens des conversations. Voici la Relation de l'Entrée du Roy Charles IX. dans la Ville de S. Malo en Bretagne tirée des Registes de son Hôtel de Ville.

Le Discours de l'Entrée du Roy Charles IX. fait en cette Ville de Saint Malo le Mercredy 24. jour de may vigile du Sacre l'an 1570.

Les Bourgeois & Marchands de cette Ville de St. Malo étant avertis qu'il plaisoit au Roy de venir par la Mer depuis Dinan jusqu'en cette ville, un jour avant son entrée firent acoûtrer environ une vingtaine de bâteaux en forme de Galions pour aller querir Sa Majesté. Sçavoir, on avoit fait acoûtrer l'un de ces bâteaux en forme d'un grand Navire, portant deux hunes & matreaux, ayant eperon, chateau d'avant & poupe & garni de lires d'avant, arriere garni de toutes sortes de flâmmes & appareils, de forme qu'il n'y restoit rien avec six passevolans & garni par dessus ces lires de toilles peintes & armoyris du Roi, dont étoit capitaine Hamont Jonchée. La poupe dudit Navire étoit couverte d'une belle Sarge peinte, de tafetas. Item y en avoit un autre bâteau acoûtré en forme de Galiote

à

à la mode moreſque acoûtré de même, l'autre, de poupe & chateau d'avant & lires & toilles peintes, & chacun de ces deux gallions ramez de vingt deux avirons, équippés d'une vintaine de jeunes hommes des plus braves de la ville, en chacun gallion. Guillaume Jonchée étoit en pareil capitaine de la ditte Galliote, laquelle étoit appareillée en moriſque à la mode de Galere. Quand au reſte des autres Gallions, ils avoient tous chacun une poupe couverte de tapiſſerie & un eſperon davant, ramez de 18. ou 20. avirons chacun quatre ou ſix paſſevolans équipée de la jeuneſſe de la ville fort honêtement. Le Roy étant arrivé à Dinan le mardy 23. de May, fut acoûtré au pont à Dinan deux ou trois batteaux, dont il y en avoit un couvert en poupe d'une tapiſſerie, & l'autre de foulardes d'arbres. Le Roy s'embarqua, la Reyne Mere, Monſieur, & autres grands Seigneurs & Damoiſelles juſqu'au nombre d'environ trente ou quarente perſonnes, leſquelles devalerent la riviere & vinrent juſqu'a la plaine

 de

de Mordrenig , où fut rencontré par les Gallions de cette Ville, qui étoient allé audevant , qui partirent de cette ville le mercredy matin environ les ſept heures, où s'étoient embarquez les Officiers de la juſtice, & nombre des principaux bourgeois & marchands avec la jeuneſſe de la ville, leſquels étant ſur la riviere, tirerent pluſieurs coups d'artillerie en voltigeant & à la rencontre du Roy fut tiré grand nombre de coups pour ſaluer le Roy avec le ſon des trompettes & tambourins, & inſtrumens. Cela fait , on aborde le bateau, où étoit le Roy , avec le Gallon acoûtré en forme de grand navire, là où le Roy s'embarqua & Monſieur ſon Frere & Mr. le Chevalier & autres Seigneurs ; & quant à la Reine & ſes Damoiſelles ne bougerent de leur bâteau ; & durant l'embarquement tous ceux , qui étoient avec gallions, avoient la tête decouverte pour ſaluer le Roy, & étant embarqué, y eut un Gallion, dont étoit Gapitaine Robert Boulain, qui fut amaré avec le galion du Roy pour le nager en riviere. Etant leſ-

lesdits galions arrivez en Soulidort, le navire le Croissant y étoit, qui commença à tirer sa volée; & empalmier, le bateau où étoit la Reine, étoit devant celui du Roy, bien loin, que le dit Croissant salua d'une belle volée de son artillerie, & puis le Roy étant arrivé au Havre de Soulidort, tira ledit Croissant sa seconde volée, & ayant parachevé de tirer, le Roy voulut aller à bord visiter ledit navire. Là on fut l'espace d'une grande heure. Cependant la Reyne passe outre, & vint droit à la ville avec ses Damoiselles, & le Roy, étant à bord dudit Croissant, visita ledit navire haut & bas, & de là vint prendre la colation à la Cité, en la maison de Lancelot Eon, & Gillette Blondel sa femme, auquel fut presenté force confitures & autres fruits de rafraichissement. Ce faisant les bourgeois & gens de la ville se retirerent pour se venir rendre chacun en son ordre & sous son Capitaine, pour se trouver au devant du Roy, dont y avoit quatre compagnies de gens de pied tous harquebusiers où se trouva environ ſix à ſept cens hommes tous en bon ordre, ayant la plû-part des écharpes de tafetas bleu & violet, marchant par ordre cinq-à-cinq, les quatre compagnies aſſemblées, dont les noms des Capitaines enſuit, ſçavoir Hamon Jonchée, Guillaume Jonchée ſon frere, Pierre Cheville, Charles Jonchée; ayant chacun leur porte enſeigne, tabourins & fifres, enſemble deux trompettes, leſquelles compagnies paſſerent au de là du gué. Item y avoit autre compagnie des enfans & garçons de la ville au nombre de trois ou quatre cents, acoûtrez de chauſſes & pourpoints chacun à ſa mode, ayant arc & fleches en main, dont étoit leur Capitaine Servan Picot & petit Guillaume, Yvon ſon porte enſeigne, & toutes chacunes compagnies ayant leurs ſergens de bande pour les mettre en ordre & rang. Le Roy ayant pris la colation, comme dit eſt monte à cheval & ſa compagnie au nombre d'environ deux cent chevaux ſeulement, parceque la plus grande part étoit venue de Dinan par terre & autre grand nombre

bre demeuré aux champs. Et comme le Roy arriva au Nest prés les moulins, on commence à tirer l'artillerie de la ville par bon ordre des tours & remparts, & puis celle du Château d'une fort grande impetuosité & en Greve. Et puis le Roy approche vers les compagnies pour les voir, auquel endroit fut tiré force coups d'harquebusades, & puis ayant visité les compagnies tant d'hommes que d'enfans, & treuvé les bourgeois, qui vinrent vers le Roy, au dela du gué pour le saluer, & lui faire la harangue, qui fut faite par Mr. des Doüetz Jean le Gobien Senechal de S. Malo. Aprés cela fait, fait son entrée, & fait marcher les enfans au devant de lui, criant *vive le Roi*, & à l'entrée de la ville treuve le Clergé en forme de procession, qui luy firent leur Harangue.

„Nota qu'a lendroit où fut faite la harangue par les bourgeois au dela Du gué ; que les clefs furent presentées au Roy en une grande bourse de velours vert, & le Roy entrent en la ville, treuve les ruës, par où il

passe

passe tendues honorablement de tapisseries, & fin linge, ses armoiries mises en plusieurs endroits, comme en l'entrée de la ville, au dehors & l'autre au dedans, & une au coin de la grande ruë où fut faite une voute de feuilles d'hiere , où étoient les dites armoiries pendues, & un autre au marché, & autres aux portes du manoir. Et en l'entrée de ville, aprés les solemnitez faites, se presente le poisle porté par quatre bourgeois anciens, sçavoir Bertrand Jonchée sieur des Portes, Michel Yvon, Geoffroy Basart, Thomas le Breton, lequel poisle étoit de Damas blanc semé de fleurs de lys & hermines, & fut conduit Sa Majesté au devant de l'Eglise, où il entre dedans, en remerciant Dieu & aprés lui le suivent toutes les compagnies, & puis chacun se retire chez soy.

Le lendemain, qui étoit le jeudi du Sacre, Le Roy vint à l'Eglise environ les huit à neuf heures pour assister à la procession, à laquelle y étoient plusieurs grands Seigneurs, premier aprés le Roy, Mon-

Monsieur son Frere, Monsieur le Chevalier, le Cardinal de Bourbon, le Cardinal de Lorraine, son Frere Mr. de Guise & la Reine & Madame Marguerite Sœur du Roy & toutes ses Damoiselles & y étoit l'Evêque de Nismes, qui faisoit l'Office du jour & portoit le Sargure sous un poisle noir semé de fleur de lys d'or soutenu par quatre Chevaliers de l'Ordre, sçavoir Mr. le Comte du Lude, Mr. de Peron Comte de Rez. M. de Bouillon & un Capitaine Allemand de la prochaine garde du Roy, à la quelle étoit le colliege du Roy, qui chantonnoit. M. de St. Malo marchoit à côté du Roy, les deux Cardinaux de Bourbon & de Lorraine marchoient à côté l'un de l'autre en leurs acoûtremens de Cardinaux & ayant leurs rôquets, marchant devant celui qui portoit l'hostie & le Roy aprés. Etant de retour de la Chapelle St. Thomas à la grande Eglise, on dit la grande Messe, à la quelle assista le Roy & son Frere, & la Reine & Madame Marguerite sœur du Roy, la quelle messe étant achevée, le Roy toucha les

les Malades des Ecroüelles où s'en trouva environ deux cent quatre vingt, qui étoient dans l'Eglise en la Chapelle neuve, & en montant tout à mont jusqu'au haut de l'Eglise & de là s'en va à son logis au Manoir disner, & aprés le dîner vint oüir le sermon de Mr. Saintes, qui fut fort court. Aprés furent dites vêpres, lesquelles étant achevées, le Roy vint s'embarquer aux Galions, qui avoient été preparez pour sa venue & étant embarqué fut conduit à l'Isle de St. Ambre, là ou furent plusieurs Seigneurs & Damoiselles, à l'occasion que le temps étoit fort beau & temperé, & sembloit favoriser à sa Majesté, & y fut le Roy tant d'aller que de venir environ deux ou trois heures, & étant arrivé se rendit au logis à souper. Le lendemain, qui étoit vendredy, les Bourgeois le furent voir & le Saluer à son lever, & luy presenter le present que la ville luy faisoit en l'endroit, où le procureur des Bourgeois lui fit quelque harangue le genouil en terre; & le Roy ayant oüi ladite harangue remercie les bourgeois de leur bonne volonté, le present du Roy étoit d'un beau Vase ou poteau d'argent d'oré de fort belle ouvrage, ensemble une belle coupe couverte d'argent d'oré, & outre, une fort excellente garenne de Couteaux & Cuilieres d'argent d'oré ayant les manches des branche de Corail, étant la garenne en forme de rocher, où étoient toutes sortes de coquilles & petites guillettes parchées de contre, & étant lesdits couteaux en leurs garennes, sembloient à voir arbres depouillez de leur verdure comme le corail se montroit fort bien garni de roses blanches; laquelle garenne plut fort au Roy. Item fut fait present à Mr. d'Anjou d'une belle haquenée blanche. Aprés les presens faits, les Bourgeois presentent leur requête au Roy pour les choses requises & necessaires à la ville, contenant plusieurs articles, à sçavoir demandent qu'il plaise à Sa Majesté permettre qu'on ait le tour de la ville par sur les murailles comme on avoit accoûtumé par le passé. Item de ne fermer la porte en carême à l'heure de onze heures jusqu'a l'heure d'aprés midi. Item de permettre de lever sur les marchandises un par cent, afin de faire deniers communs à la ville. Item qu'il plaise avoir suivant ses Edits, un Juge & deux Consuls pour administrer la justice pour le fait de toutes Marchandises.

Item aprés le dîné, fut fait le combat de deux galions l'un en forme de navire, & l'autre en forme de galiotte, où le Roy assista sur mer en un autre galion, où il y eut force coups d'artillerie & lances à feu tirées, & finalement ladite Galiote coulée au fond & les compagnies & Mariniers se sauvent à nou, * à bord des autres bâteaux. Aprés cela fait, le Roi fut se promener, au Bais & visiter le fort, & son retour fut faite une lutte d'hommes de dessus les champs qu'avoit amené Mr. de Pont de Croix & Mr. de la ville Esbrunes, laquelle dura plus d'une heure, & en aprés eut des Gentil-hommes qui luterent, le Roy ne fut au dedans de son château, mais Mr. d'Anjou y fut durant ledit jour, au quel Château fut dressé à cause de l'entrée du Roy un portal à l'entrée & au

* *C'est-à-dire à la nage.*

audevant dudit château, lequel étoit fait de bois & peint avec deux colonnes, là où étoient les armes du Roy. Item ledit jour de Vendredi fut fait justice de par le prevôt de quelques Larrons de la suite de la Cour, dont il y en eut deux foüettez & un pendu.

Le Samedi en suivant le Roy & tout son train partit de cette ville & s'en alla dîner à Cancalle & coucher à la ville de Dol.

Toutes ces pieces tirées des Registres des villes & des cartulaires des Monasteres demandent necessairement des écclaircissemens sur divers faits particuliers & sur des noms, qui pourroient embarrasser les Lecteurs, si un Historien ne prend soin d'ôter les ambiguités. Il seroit difficile de concevoir en cette relation de l'entre de Charles IX. qui est ce Chevalier qui paroit si distingué, & dont cependant on ne peut decouvrir le nom. Mais un historien attentif a considerer quel étoit alors l'Etat de la Cour, verra que ce ne pouvoit être que Charles de Valois Fils naturel du Roy & de Marie Touchet, qui

qui fut plus connu aprés sous le nom de Duc d'Engoulême. Il fut d'abord Chevalier de Malte, & on lui donna le Grand Prieuré de France, qu'il quitta depuis par dispense du Pape pour Epouser Charlote de Montmoranci fille du Connêtable. Il se nommoit alors simplement Mr. le Chevalier.

Pour Jean de Gobien Seigneur des Doüetz & Senechal de St. Malo, dont il est aussi parlé dans cette Relation, ce fut un des plus grands hommes de son temps. Les Etats de Bretagne le deputerent par deux fois aux Etats Generaux du Royaume qui se tinrent à Blois sous les Roys Charles IX. & Henry III. en 1566. & 1576. où il se distingua par son zéle & par son éloquence. La Ville de St. Malo luy a des obligations particulieres, & c'est pour lui en marquer sa reconnoissance qu'elle avoit fait mettre dans un lieu des plus éminens de l'Eglise Cathedrale son portrait en grand avec ceux de deux de ses enfans, Pierre le Gobien Archidiacre de Porrhoët, Chanoine & Official de St. Malo & Jean le Go-

Gobien Chanoine de la même Eglise Cathedrale. Dans le dernier bombardement de la Ville de St. Malo qui arriva en 1696. une bombe tomba sur l'Eglise Cathedrale, en perça la voute & mit en pieces le portrait de cet Illustre Magistrat, sans toucher aux deux autres que l'on voit encore aujourd'hui vis-à-vis l'Autel de St. Malo, qui est celui de la Paroisse.

V I.

Des Conferences.

L'Homme est tellement fait pour la Societé, que St. Augustin à eu raison de dire, que c'étoit une invention merveilleuse de la divine providence de nous avoir donné l'usage de la parole pour pouvoir nous communiquer les uns aux autres nos pensées & nos sentimens, ce qui lioit les esprits par ce commerce admirable sans lequel il eut été impossible que les hommes eussent pu rien apprendre les uns des autres. Rien n'est aussi plus propre à entretenir

tenir ce commerce de lumieres & de connoiſſances, que les aſſemblées de gens de Lettres pour conferer enſemble des choſes qu'ils ont appriſes & pour ſe communiquer reciproquement leurs penſées & leurs reflexions.

Il n'y eut rien auſſi de plus frequent parmi les gens de Lettres Grecs & Romains, que de pareils entretiens aux quels ils donnerent les noms de Dialogues. Avant que l'on parlât d'Academies reglées, ces Dialogues avoient cours & ce fut ſur le modele de ces ſçavantes conferences que Platon donna le nom de Dialogues à ſes diſcours où il introduit Socrate & les autres ſages de Grece, pour rapporter leurs ſentimens. Le Dialogue de l'orateur de Ciceron, ſes queſtions Tuſculanes & pluſieurs autres de ſes diſcours, nous ſont des preuves de cet uſage introduit parmi les Romains, non pas que ces dialogues ayent été faits en des aſſemblées reglées de la maniere dont nous les liſons, mais pour être des imitations de ce qui ſe pratiquoit alors, peut-être avec moins d'ord'ordre, d'élegance & de politesse, que l'on n'en voït dans les écrits de Platon & de Ciceron, puisque l'on parloit dans ces conferences avec moins de contrainte & moins de préparation.

Ces conferences pour être plus utiles doivent être de peu de personnes qui ayent le même genie & les mêmes inclinations. Les grandes Assemblées sont plus sujettes aux contestations & aux disputes par l'émulation & le desir qu'a naturellement chacun de vouloir briller & de l'emporter sur les autres. Ainsi les Academies nombreuses ont plûtôt été établies pour fournir à de grands desseins d'études & de Sciences ou pour y paroître tour-à-tour par des actions publiques & d'appareil que pour y profiter des lumieres les uns des autres & pour se polir & se perfectionner d'une maniere plus tranquille & plus resserrée, que par ces grands spectacles de Litterature, où des personnes de diverses professions sont bien aises d'avoir entrée pour se faire un nom dans le monde & pour se distinguer des autres.

Les Assemblées de Tuscule que

Ciceron a si bien d'écrites en son Orateur n'étoient que de sept ou huit personnes. Crassus, Scevola, Antonius, Sulpitius & Cotta en furent les seuls premiers acteurs; & même ces deux derniers n'y entrerent que comme de jeunes éleves, qui desiroient de s'instruire en entendant raisonner les autres. Il est certain que lorsque ces assemblées sont de personnes qui ont les mêmes inclinations pour certaine espece d'Etude, elles sont determinées à certaines matieres reglées.

Mr. le Premier Président de Lamoignon en faisoit tenir chez lui tous les lundis, où l'on traitoit de l'histoire & du caractere de tous les beaux Arts. Ainsi l'on y fit l'histoire de la Logique, l'histoire du Droit Civil, l'histoire de l'Eloquence, l'histoire de la Poësie, l'histoire des Calandriers de toutes les nations, la comparaison de Virgile & d'Homere, de Pindare & d'Horace de Demosthene & de Ciceron, l'histoire de la Physique & de la nouvelle Philosophie, des reflexions sur l'histoire &c.

Il n'est point de païs où ces assemblées ayent plus de cours qu'en Italie n'y ayant presque aucune ville qui n'eut sont Academie & quelques unes des plus grandes villes en avoient trois, quatre, cinq & six comme Rome, Venise, Naples, Bologne, Milan, Padouë &c. avec tant de succés que c'est ce qui contribua beaucoup à perfectionner la Poësie Italienne, la Langue Toscane, la Peinture, la Musique & tous les beaux Arts. Nos François qui se faisoient un plaisir honnête d'assister à ces conferences lorsqu'ils suivirent le Roy Loüis XII. & François I. en leurs voïages au de-là des Alpes, en introduisirent à leur retour les usages en France.

Ce fut là qu'ils commencerent à prendre goût pour les Medailles, les Devises, la Poësie, la Peinture & la Musique. La Reyne Catherine de Medicis introduisit à la Cour les ballets, les recits en musique, les symphonies, les Machines & les divertissemens les plus agreables & les plus spirituels.

L'une de ces premieres Academies établies

établies au deça des Monts ſur l'exemple de celles d'Italie, fut celle que tinrent à Lyon une douzaine de ſçavans amateurs des beaux Arts, au commencement du ſeiziéme ſiecle ſous le regne de Loüis XII. dont les principaux étoient Gonſalve Toledo originaire d'Eſpagne ſçavant Medecin, & Elu pour le Roy en l'Election de Lyon. André Viction celebre Theologien & une dizaine d'autres tous habiles gens, & dont pluſieurs aimoient la muſique & les inſtrumens, & d'autres habiles Poëtes même en la langue Italienne ſe divertiſſoient à faire des comedies & d'autres repreſentations. Humbert Fournier Frere ou du moins proche parent de Hugues Fournier premier Preſident du Parlement de Bourgogne rendit compte de ces aſſemblées ou conferences à Symphorien Champier, Chevalier & Medecin du Duc de Lorraine l'un des plus ſçavans hommes de ce tems-là par une lettre qu'il luy écrivit. „ Vous deſirez de ſçavoir ce „ que nous faiſons ſur cette fameu- „ ſe montagne de Fourviere conſacrée

crée à la Sainte Vierge Mere de Dieu. Nous y vivons dans le célibat & dans un parfait repos, appliquez uniquement aux lettres, & embrassant de jour & de nuit les beaux arts que nous ne quittons point. C'est ainsi que nous tâchons à reparer les pertes de nôtre jeunesse, n'ayant point d'autre deplaisir que celui d'avoir laissé échapper tant d'heures & tant d'années, qui se sont écoulées dans une molle oisiveté & dans la bagatelle, dont nous portons la peine maintenant, comme nous en pleurons la perte, que nous nous efforçons d'adoucir & s'il se peut de reparer par un meilleur usage du tems. Toutes nos occupations sont honnêtes & relevées. Nous traitons de la Religion, de la mort, de la maniere de regler les mœurs, & de polir & perfectionner l'esprit par les sciences utiles. C'est de quoi nous parlons souvent sous nôtre grand Socrate André Victon homme d'une rare vertu & dont je ne sçaurois assez vous faire connoître le merite dans la

„ briéveté d'une lettre, puis qu'un
„ volume entier auroit peine à vous
„ l'exprimer. Vous seriez charmé
„ de son esprit, de ses talens, de sa
„ candeur & de l'innocence de ses
„ mœurs qui repond parfaitement
„ à sa profonde penétration dans les
„ mysteres de la Theologie. Nos
„ amis nous viennent souvent visi-
„ ter, quoiqu'en petit nombre: car
„ il est difficile dans la foule d'en
„ trouver beaucoup de parfaits, &
„ du caractere que nous les pour-
„ rions souhaiter. L'un des princi-
„ paux est le sieur Gonsalve Tolé-
„ de, que je puis appeller l'autre
„ œil de nôtre Academie. Il en est
„ & l'Apollon & le Praxitele, puis-
„ qu'il n'excelle pas moins en la
„ connoissance & en la pratique
„ des Arts liberaux, qu'ami des plus
„ habiles maîtres en toutes ces pro-
„ fessions, & si distingué d'ailleurs
„ parmi les sçavans.

„ Aprés que nous avons donné
„ une juste mesure de tems, à nos
„ muses & à nos conferences aca-
„ demiques & reglées, nous nous
„ relâchons un peu de ce travail serieux

rieux, & nous nous divertiſſons "
à faire de petits contes & à des "
plaiſanteries, où il n'entre rien de "
mordant, ni de malin; mais cette "
agréable urbanité que Ciceron a "
ſi bien décrite en ſes dialogues "
de l'Orateur, lorſque Craſſus, "
Scevola, Ceſar, Camille & Sulpi- "
tius s'entretenoient enſemble dans "
leurs Jardins de Tuſcule, au tems "
des vacations du Senat: quelques- "
uns debitent des nouvelles tan- "
tôt de la guerre des Turcs contre "
les Chrétiens, & d'autres pareil- "
les choſes. Je me fais quelque- "
fois dans cette aſſemblée, le ſinge "
de Petrarque & je leur chante des "
ſonnets en rimes Toſcanes: un au- "
tre declame en orateur ſur quel- "
que ſujet d'Eloquence: d'autres y "
font les perſonnages de Charla- "
tans, de Magiciens & de Bouffons "
par des recits de Comedies qui "
rejoüiſſent la compagnie: on re- "
preſente quelquefois les transfor- "
mations de Circé, les erreurs de "
Meduſe, & les Scenes tragiques "
de Senéque. Nôtre Socrate ne s'a- "
muſe pas à nous raconter les fables "

„ de Midas, ni les inventions ou les
„ songes des Poëtes, mais toûjours
„ également grave & serieux, il
„ nous entretient de l'incertitude de
„ la vie & de la pensée de la mort,
„ qui est la vraye Philosophie de
„ l'ame, & nous apprend à mepriser
„ les plaisirs caduques de cette vie
„ & les faux biens qui l'accom-
„ pagnent & qui l'abandonneront
„ bien-tôt sans nulle esperance de
„ retour.

„ Aprés ces solides instructions
„ nos Orphées prennent leurs ins-
„ trumens & chatouillent agréable-
„ ment nos oreilles, jusqu'a donner
„ de la jalousie aux oiseaux du voi-
„ sinage, qui accourent en foule pour
„ entendre leurs concerts, qu'ils
„ s'efforcent envain dimiter par
„ leurs gazouillemens.

„ Vôtre beau-Frere joint sa flute
„ à ces doux accords de Luths & de
„ Guitterres & nous enchante com-
„ me une Sirene.

„ Nous quittons ces doux amuse-
„ mens pour des passe-tems moins
„ sedentaires, & sortant des cham-
„ bres & des sales pour aller sur des
ter-

terrasses & dans des allées des jar- "
dins, nous y faisons des parties de "
jeu aux palets, aux boules & aux "
quilles, afin que le corps ait, aussi "
bien que l'esprit, sa part à nos exer- "
cices : nous allons ensuite nous re- "
poser sur des terrasses, d'où nous "
voyons agreablement toute la "
Ville sous nos pieds, nous voyons "
la fumée qui s'éleve de ce grand "
nombre de cheminées de toutes "
les maisons si fort au dessous de "
nous ; que cette fumée se dissipe "
avant que de pouvoir s'élever jus- "
qu'au lieu où nous respirons un "
air plus pur : nous entendons le "
son des cloches, le bruit & le mur- "
mure de ceux qui navigent sur la "
Saône, ou qui trafiquent dans la "
Ville. Les échos des montagnes "
voisines nous repetent ce bruit "
d'une maniere encore plus douce; "
mais le plus beau spectacle est la "
vûë de la campagne & de cette "
vaste plaineà qui les montagnes de "
Dauphiné & de Savoye font une "
enceinte de théatre de plus dix- "
huit lieuës en hémicicle, où nous "
voyons des forêts, des vignes, des "

„ jardins, des prez & des collines
„ où rien de vuide & de ſterile ne
„ choque les yeux. Mais c'eſt aſſez
„ badiner, en voulant vous repre-
„ ſenter l'application de nos études
„ & de nos divertiſſemens. Enfin il finit ainſi, *Sed jam ſatis jocatum & abunde ut arbitror ſucceſſus ſtudiorum noſtrorum fata, fortunaſque preſenti charta deſcripſimus ... Vale diu felix. Lugduni anno Domini MCCCCCVI.*

Ces aſſemblées & ces conferences avoient tellement poli la Ville de Lyon ; qu'elle ſembloit alors la Ville de toutes les graces & le ſiége des Muſes, où tous les gens de Lettres ſe rendoient de toutes parts. Jean Voulté de Rheims Profeſſeur à Toloſe dédiant le 3. livre de ſes Epigrammes à l'Evêque de Rieux Jean Dupin celébre par ſes Ambaſſades, & pour ſon amour pour les gens de Lettres, lui raconte l'accident d'Eſtienne Dolet, arrêté pour avoir tué un homme, & luy parle des gens de Lettres qu'il avoit trouvez à Lyon entre - autres, Hierome Fondulo, Chriſtophle Longueil,
Villeneuve, Guillaume du Choul, les

les deux Seves Guillaume & Maurice, Benoist Court & les Fourniers. Ces sept ou 8. derniers étoient Lyonnois. Le Parlement de Bourgogne eut successivement trois premiers Presidens Lyonnois Claude Paterin, Humbert de Villeneuve & Hugues Fournier. Claude Dodieu Seigneur de Vely, étoit maître des Requêtes employé en plusieurs Ambassades auprés de l'Empereur Charles quint, du Pape &c.

Il s'est fait en divers lieux des Academies pour des études & des exercices particuliers. Il y a des Academies de Musique, des Academies d'Eloquence, de Poësie, d'Histoire, de Geographie, d'Experiences, de Physique, de Medailles, d'Inscriptions, de Peinture, d'Architecture, de Mathematiques, de Conferences Theologiques, sur l'Ecriture, les Conciles. &c.

Il y a un commerce de Lettres parmi les gens de Litterature, qui tient lieu de conferences. Ils se consultent, ils se proposent leurs doutes, ils demandent des éclaircissemens sur diverses difficultez. Ils ſe font des objections, & expoſent leurs divers ſentimens. Les lectures de ſemblables lettres ſont d'une grande utilité. Saumaiſe, Caſaubon, Scaliger, Grotius, Voſſius, Mr. Saro, Sorbiere, Coſtar, Mr. Menage & quelques autres ont écrit pluſieurs lettres d'érudition de cette maniere.

Originellement ce furent les Bibliotheques qui donnerent naiſſance aux Ecoles & aux Academies. Comme on s'aſſembloit dans les Librairies pour étudier, on vint à y conferer des difficultez qui ſe preſentoient : & les plus habiles s'y faiſant écouter, donnerent bientôt des leçons & des regles aux autres.

Les Rois d'Egypte joignirent à leurs Bibliotheques des Academies, où ils entretenoient des Sçavans, pour recevoir ceux qui les alloient conſulter & leur propoſer leurs doutes & leurs difficultez.

VII.

VII.

Des Traductions, des Commentaires, des Paraphrases, & des Livres à confronter.

Un honnête-homme qui a de l'esprit, quoyqu'il n'ait pas étudié, & qu'il ne sâche que nôtre langue qui est sa langue naturelle, peut avoir la satisfaction de lire les plus célébres Auteurs Grecs, Latins, Italiens, Espagnols & Anglois qui ont été traduits en nôtre langue, & peut se composer un assez ample cabinet de ces traductions qu'il est bon de lui indiquer.

Nicolas Oresme Précepteur du Roy Charles V. traduisit en faveur de son disciple, la Bible, le Livre du Ciel & du Monde d'Aristote avec ses politiques, & le Livre de Petrarque des remedes de l'une & l'autre fortune. Claude de Seysset, sous le regne de Louïs XII. traduisit Diodore de Sicile: Appien, Thucidide & Xenophon, l'Histoire Ecclesiastique d'Eusebe, Justin &c.

Louïs Megret Lionnois, l'Histoire naturelle de Pline, les Proportions du corps humain d'Albert Durer pour la peinture ; & des Roziers, Dion. Enfin on pourra voir tous ces Anciens Traducteurs en la Bibliotheque de la Croix du Maine. Il ne faut pas chercher en ces premieres traductions, la pureté de nôtre langue qui n'étoit pas encore polie, il suffit que les traductions soient fidelles selon le sens des Auteurs.

Il y a plusieurs traductions, paraphrases & commentaires des Livres saints de l'Ancien & du Nouveau Testament.

La Bible traduite en François par M. de Sacy avec des notes tirées des Saints Peres

La Traduction de Louvain, la même Bible traduite en François sur la vulgate avec des notes courtes tirées des Saints Peres & des meilleurs Interpretes.

Les Livres Moraux de l'Ancien Testament, les Proverbes de Salomon, l'Ecclesiaste, le Cantique des Cantiques, la Sagesse, & l'Ecclesiastique par M. l'Abbé de Bellegarde.

Le

Le Nouveau Testament a été traduit par Mr. de Marolles Abbé de Villeloin, par le P. Amelote, par Mrs. de Port-Royal, par Mr. Simon & par le P. Bouhours.

Les Pseaumes ont plus de dix ou douze traductions differentes, Mr. Du Perron, Bertault, Mr. de Mezeriac, Porcheres, Malherbe, Charpentier & quelques autres de l'Academie Françoise les ont mis en partie en vers François. M. Godeau les a tous faits de même avec les Cantiques Sacrez & le P. le Breton Jesuite.

Il y a un grand nombre de Paraphrases sur divers Livres de l'Ecriture, sur Job par le P. Senault, sur Isaïe, Jeremie, Job &c. par le Pere Maucorps : sur les Evangiles & les Actes des Apôtres par le P. Montreüil, sur les Epitres de St. Paul par M. Godeau.

Ces Paraphrases delivrent les Lecteurs des soins de recourir aux Interpretes pour l'intelligence de certains passages difficiles, dont ces paraphases donnent ordinairement des éclaircissemens suffisans pour les entendre.

Il est important à l'égard des Livres Saints, de s'attacher plûtôt aux traductions fideles, qu'a celles qui paroissent d'un langage plus poli, parcequ'il ne faut pas s'écarter de la doctrine de l'Eglise qui a des termes consacrez qu'il n'est pas permis de changer, sans s'exposer au danger de donner dans des erreurs.

Les termes de *Cenacle*, de *Cene*, de *Tabernacle*, de *Consubstantiel*, de *Calice*, de *Crucifier*, de *Flagellation*, de *ver de la Conscience*, de *Componction*, d'*Agneau occis*, de jour de *Sabbath* & plusieurs autres semblables sont des termes consacrez dans nôtre Religion.

La Theologie a aussi ses termes dont quelques-uns, quelques barbares qu'ils puissent paroître, rendus en nôtre langue, ne doivent pas être alterez, ni changez, comme les termes de *circumincession*, de *Transubstantiation*, de *velleité*, & autres semblables qu'il seroit difficile de changer en d'autre termes qui fussent autant expressifs : & dès que l'Eglise les a adoptés il faut les recevoir comme des termes consacrez.

Les

Les traductions si polies sont des addresses dont les Hérétiques se sont souvent servis, pour couvrir leur venin, & pour le faire recevoir plus agréablement sous ces fleurs, parceque sous l'appas du beau langage on fait aisement gouter les erreurs. Il est donc important de bien sçavoir quels sont les Auteurs des traductions à l'égard des Livres de l'Ecriture Sainte, des Peres & des divers livres de pieté, afin de n'y être pas trompé.

Comme ce n'est pas le langage que l'on doit chercher dans les livres dont on veut tirer des instructions plus solides, les plus simples traductions sont les meilleures, sur tout en fait de Religion. La simplicité des Paraboles dont le Fils de Dieu s'est servi dans l'Evangile, nous montre quel est l'esprit de l'Eglise en fait de Religion & de Morale Chrétienne.

Plusieurs ouvrages des Peres Grecs & Latins ont été traduits en nôtre Langue.

Les Oeuvres attribuées à St. Denis l'Aréopagite, par le P. Jean François

çois Prieur des Feüillans de Paris.

Les Epitres de saint Ignace Martyr.

Quelques Ouvrages d'Origene & de Clement d'Alexandrie.

Les Lettres de St. Basile & ses Ascetiques.

L'Apologetique de St. Cyrille.

Les Sermons de St. Jean Chrisostome sur les Epitres de saint Paul.

Les Sermons de St. Gregoire de Nazianze.

Saint Dorothée est traduit. Les conferences de Cassien.

Les Homêlies d'Asterius par Mr. Maucroix.

L'Analogie qu'il y a entre nôtre langue & la langue Grecque, dit un Auteur moderne, feroit souhaiter que l'on rendit en cette langue les meilleurs originaux de la Grecque pour nous les representer avec plus de proportion & de fidelité, que ne font les traductions latines qui ne peuvent bien exprimer les beautez, les figures & les élegances.

Venons aux Peres Latins.

Giri de l'Academie Françoise a traduit plusieurs Ouvrages de Tertullien,

tullien, son Apologetique, du Manteau de la chair de JESUS-CHRIST, de la Resurrection de la chair &c.

Perrot d'Ablancourt l'Octavius de Minutius Felix.

St. Justin & Lactance sont traduits.

Divers traités de St. Ambroise.

Les Harangues de Symmaque & de St. Ambroise par Giri.

Les Lettres de St. Jerôme.

Les Oeuvres de St. Cyprien.

Quelques Sermons de St. Augustin, ses Lettres & ses Confessions par Mr. l'Abbé du Bois.

Son Livre de la Cité de Dieu a été plusieurs fois traduit, aussi bien que son Manuël, ses Soliloques & la plûpart de ses petits Traitez du soin des morts, de la virginité, ses Livres de la Doctrine Chrétienne, son Traité de la veritable Religion, son Commentaire & ses Sermons sur les Pseaumes, les Livres de l'Ordre & du Libre-arbitre, de la nature & de la grace.

Quarante Homelies de St. Gregoire le Grand & ses Morales sur

Job

Job traduites par le ſieur de Laval,

Son Paſtoral.

Les Traitez de St.Eucher de la Solitude, & de la fuite du ſiécle.

Salvien de la Providence,par le P. Gorze Jeſuite.

Les Lettres de St.Bernard,ſon Livre de la Conſideration.

Le Concile de Trente & ſon Catéchiſme ſont traduits.

Les Annales Eccleſiaſtiques de Baronius.

La Somme Theologique de St. Thomas eſt traduite.

Pluſieurs Traitez de St. Bonaventure.

Les plus excellens livres de Pieté écrits,ſoit en Latin, ſoit en Italien, ſoit en Eſpagnol , ſoit en Anglois, Flamand, ou Alleman ont été traduits en nôtre langue. Les Oeuvres de Ste. Thereſe, de Grenade, du Maitre Jean d'Avila, Rodriguez, Ribadeneira, du Pont.

Buſée, Avancin, Bellarmin, le Cardinal Bona,pluſieurs petits Traitez du Pere Segnery, Edmon Campien dix Preuves de la verité Chrétienne

tienne proposées aux Universitez d'Angleterre, des Instructions Pastorales de Saint Charles Borromée.

Il y a plusieurs Traitez de Theologie & de Controverse écrits en François, ou traduits de diverses langues.

Les Traitez les plus curieux de Physique, de questions Philosophiques, d'experiences se trouvent aussi ou traduits ou écrits en François. M. de la Chambre, traduction Françoise des huit livres de la Physique d'Aristote.

Pour les Auteurs anciens Grecs, Arabes & Latins de toutes facultez, Histoire, Eloquence, Poëtique, Philologie, Orateurs, Poëtes, Grammairiens, Critiques les plus célébres sont traduits.

Les Historiens Grecs.

Josephe des antiquitez Judaïques par Arnaud d'Andilly.

Diodore de Sicile en partie par Amiot, colleter, quatre Livres de l'Histoire d'Herodote.

Xenophon par Mr. Charpentier de

de l'Academie Françoise.

Thucydide.

Polybe par Du Ryer de l'Academie Françoise.

La retraite des dix mille de Xenophon par Ablancourt.

Dion Caſſius par Baudouin.

Arrian des Guerres d'Alexandre par Ablancourt.

Euſebe par Mr. Couſin & pluſieurs volumes de l'Hiſtoire Byzantine.

Il y a quelques Orateurs & Sophiſtes Grecs traduits.

Le Cardinal du Perron & Mr. du Vair ont traduit quelques actions de Demoſthene.

Les Philippiques & Olynthienne de Demoſthene traduites par Mr. Tourreil de l'Academie Françoiſe avec des notes.

La Loüange d'Heléne, d'Iſocrate par Giri.

Philoſtrate par Blaiſe de Vigenere.

Athenée par M. de Marolles Abbé de Villeloin.

Lucien par Perrot d'Ablancourt.

L'Apologie de Socrate & Criton dialogue de Platon, par Giri.

Les Cesars de Julien l'Apostat, par Mr. Spanheim avec des notes, & les explications de plusieurs Medailles.

Plutarque par M. Amyot & ses Vies de nouveau par l'Abbé Tallemant de l'Academie Françoise.

Longin du Sublime par M. Despreaux.

Quelques livres Arabes ont été traduits, l'Histoire des Emirs, L'Alcoran même.

Toutes les Oeuvres de Ciceron sont traduites par Du Ryer, plusieurs de ses Oraisons par divers, ses dialogues de l'Orateur par l'Abbé Cassagne, ses Lettres à Atticus par l'Abbé de St. Réal.

Malherbe a traduit une partie des œuvres de Senéque.

Les lettres de Pline le Jeune & son Panegyrique à Trajan son traduits.

Tite-Live par Du Ryer. Justin par Colomby.

Salluste par l'Abbé Cassagne, & par Baudoin.

Ju-

Jules Cesar par d'Ablancourt.

Quintilien.

Quinte-Curce par Vaugelas.

Suétone des douze Cesars, par Baudouin.

Tacite par d'Ablancourt.

Ceux qui peuvent lire les livres en leurs langues, ne doivent gueres s'arrêter aux Traductions, si non que la curiosité les portât à voir de quelle maniere ils ont été traduits, s'ils l'on été fidelement & exactement & comment ils ont tourné certains endroits difficiles, obscurs & embarrassez.

Il y a certains livres qui peuvent ou doivent être confrontez selon diverses occurrences ou besoins.

Telles sont les éditions differentes d'un même livre, pour voir qu'elle est la plus ample, la plus correcte, la plus ancienne, ou la plus belle. Car il en est assez souvent des livres comme des meubles, où l'on cherche la politesse, & un certain air d'élegance qui frappe les yeux. Ainsi l'on recherche les éditions des livres en grand papier, à belles marges, d'un beau caractere

&

& proprement reliez, ce qui n'est que pour le plaisir des yeux.

Les Sçavans ont d'autres vûës, & ils confrontent divers Manuscrits pour observer les diverses leçons; c'est ainsi qu'ils nomment les variations qu'ils trouvent dans ces Manuscrits, par desalterations, des interpositions, des obmissions, des abbreviations, des changemens, des ponctuations &c. c'est ce qu'ils observent avec une grande exactitude à l'égard des livres Sacrez dont ils considerent les moindres lettres & les moindres accents, comme autant de mysteres. Ainsi on leur voit citter les manuscrits du Vatican, de la Bibliotheque Royale, de celle de Vienne en Autriche, de l'Escurial, de Florence, de St. Victor &c. Les confrontant les uns avec les autres ils tâchent de connoître ceux qui paroissent plus exacts, & avoir plus de conformité avec ceux que l'on nomme de meilleure note *melioris notæ*.

Les Critiques des deux derniers siécles, ont pris soin de faire des confrontations des meilleurs auteurs

avec

avec les anciens Mſſ. qu'ils pouvoient deterrer, & qu'ils ſe communiquoient les uns aux autres pour en faire des éditions correctes. Les Estiennes, les Manuces, Buroald, Badius, Iſaac, Voſſius, Budée, Balduin, Hotman, Muret, les deux Scaliger, Caſaubon, Lipſe, Meurſius & quelques autres travaillerent ainſi ſur la plû-part des Poëtes Grecs & Latins, ſur les Ouvrages de Platon, de Demoſthene, de Ciceron, de Senéque, de Pline &c. Ce que quelques Anglois imiterent depuis, & l'un des principaux talens des critiques du ſiécle paſſé, fut de remarquer les diverſitez obſervées dans les Manuſcrits, dont ils donnerent pluſieurs volumes ſous le titre *Variarum Lectionum.* Ils firent le même pour les Commentaires & Interpretations de ces Auteurs, en expoſant ſur chaque paſſage tout ce que divers Auteurs en avoient dit, ce qu'a fait depuis Screvelius, en donnant Virgile, Horace, Ovide *Variorum*, ce qui eſt d'un grand ſoulagement pour ceux qui veulent lire les anciens Auteurs.

Tou-

Toutes les traductions sont des livres à confronter & à voir si les traductions sont fidelles. On les imprime ordinairement sur deux faces qui se repondent, où en deux colonnes d'une même face, afin qu'on ait le moyen de suivre des yeux l'ouvrage primitif en sa langue & la Traduction.

Les confrontations ne sont pas moins necessaires pour les Chroniques, où les faits sont rapportez selon les ordres des années, c'est pour confronter ces temps, que l'on a pris soin de les imprimer sur diverses colonnes affrontées, ou accollées principalement pour la suite des Consulats, où l'on decouvre par ce moïen quelques variations entre les Catalogues de Cassiodore, de Panvinius & de quelques autres.

On confronte aussi divers Auteurs pour voir la diversité, ou la conformité de leurs sentimens sur les mêmes matieres.

Les Gazettes de divers Païs sont des écrits que l'on confronte pour voir les rapports & les jugemens differens

ferens de Nations diverſement intereſſées à rapporter les mêmes faits & à leur donner divers tours pour impoſer au public.

Les Almanachs ſont auſſi livres que l'on confronte pour voir les diverſes predictions.

VIII.

Des Abbregez.

On ne peut nier que les abbregez ne puiſſent être de quelque ſecours aux perſonnes d'étude ; mais ils ont auſſi cauſé de grands maux dans la Litterature, parce qu'ils nous ont fait perdre d'excellens ouvrages, qui ne pouvant être auſſi facilement copiez & multipliez avant l'invention de l'Imprimerie, ont été inſenſiblement ſupprimez. Florus & Juſtin nous ont fait perdre d'excellens Hiſtoriens, parceque l'on s'eſt contenté des abbregez qu'ils avoient faits des anciens Auteurs. Ce n'eſt pas que les abbregez ne ſoient d'une grande utilité pour ceux qui ayant lû les grands Ouvrages, ſe ſervent

vent de ces Abregez pour se rafraichir la memoire de ce qu'ils ont lû & que par ce moïen, ils peuvent avoir recours aux ouvrages primitifs, quand ils ont besoin de voir à fond les matieres qui y sont traittées. C'est pour cela que M. Sponde a fait l'Abregé des grandes Annales de Baronius, & le P. Salian fit lui même l'Abregé de ses grandes Annales de l'ancien Testament & l'Abbregé même de cet Abregé, en forme d'indice, pour avoir recours à son grand Ouvrage quand on desireroit d'avoir de plus grands éclaircissemens.

M. de Mezeray a fait aussi l'Abregé de son Histoire de France, qui vaut mieux que son grand ouvrage, quand ce ne seroit que pour l'avoir purgé des Medailles supposées dont il avoit farci cette Histoire.

Du Verdier a fait des Abregez de diverses Histoires de France, d'Espagne &c. Le P. Dom Romuald, un Abregé de ses trois gros volumes Chronologiques : il y a divers Abregez de Theologie, de Philosophie, de livres de Droit.

Quelques Myſtiques ont auſſi pris ſoin de faire des Abregez de leurs meditations étenduës. On a des Abregez de Dupont, du P. Haineuſve &c.

Il eſt difficile de ſe rendre fort habile, en ne liſant que des Abregez, ſur tout à l'égard de certaines matieres qui ne peuvent être ſi reſſerrées ſans perdre beaucoup de ce qu'elles ont de ſubſtantiel. Les Abregez d'Hiſtoires laiſſent beaucoup de circonſtances neceſſaires à la parfaite intelligence des évenemens.

Les Sommaires des Chapitres & les tables bien faites des Livres peuvent être d'un auſſi grand ſecours que les Abregez, avec la commodité de pouvoir trouver auſſi-tôt les éclairciſſemens dont on peut avoir beſoin ſans recourir à d'autres volumes, que l'on n'a pas toûjours à ſa main.

Ceux qui veulent bien poſſeder un livre & les matieres dont il traite, en font eux mêmes les Abregez, ce qui leur imprime plus fortement les connoiſſances qu'ils en veulent tirer, au lieu que ceux qui travailsent à ces Abregé seulement pour se faire Auteurs, ont souvent des idées fort differentes de ceux, qui lisent ces Abregez & qui n'y trouvent pas toûjours tout ce qu'ils pourroient desirer.

Ceux qui étudient en Theologie, en Philosophie, en Medecine, en Jurisprudence, se font ainsi des Abregez des écrits de leurs maîtres, pour s'en faire une intelligence plus aisée quand ils les ont ainsi digerez.

Il y a une autre maniere d'Abregé qui est beaucoup plus utile, c'est celle où l'on reduit les matieres d'un ouvrage en tables Analytiques & à crochets, où l'on voit tout d'un coup l'ordre & la métode des traitez: c'est ainsi que Pacius a reduit les Pandectes ou Digestes du Corps de Droit.

Le P. Dom Jacques de Saint Michel Feüillant a reduit ainsi Analytiquement la doctrine du Nouveau Testament des quatres Evangelistes & des Epîtres de Saint Paul, en tables dediées au Cardinal Rospigliosi. Gaspar Sciopplus à fait de pareilles tables de sa Grammaire.

Alstedius de son Encyclopedie, Nicolas Abraham de l'Artifice des Oraisons de Ciceron. Mrs. de Port-Royal de la Grammaire de Despautere. Du-Chêne des Genealogies des Maisons de Montmorenci, de Dreux, de Chastillon, de Bethune & plusieurs autres Genealogistes à son exemple. Les feuilles du P. Theophile, du P. Petau & quelques autres semblables peuvent être d'un grand secours, dans un Cabinet pour y jetter les yeux de tems en tems.

Il ne faut pas regarder ces Abregez comme des livres avec lesquels on puisse s'instruire à fond, mais seulement comme des livres de secours pour la memoire.

La grande Conference des Ordonnances & des Edits Royaux est un Ouvrage de cette nature, pour les Juges & les Avocats.

Les Abregez des Conciles de Du-Bail pour les Theologiens. Le P. Amable Bonnefons a donné un Abregez des vies des Saints.

Il y a des Sommes de Cas de Conscience qui sont des Abregez de Theologie Morale ; Navarre, Sa, Bu-

Buzembaum & quelques autres ont donné de ces Sommes.

Enfin il est peu de Sciences, de Beaux Arts, & de grandes Histoires dont il n'y ait des Abregez pour favoriser l'impatiente curiosité de ceux qui ont peine à demeurer long-tems sur une même matiere, & à lire de gros volumes, ce qui n'est pas le moyen de pouvoir s'instruire à fond d'aucune chose.

IX.

Des Recüeils.

Les Recüeils de piéces volantes ne sont pas les piéces les moins curieuses d'un Cabinet & d'une Bibliotheque. Ce sont des Livres de secours, où l'on peut trouver assez souvent ce qu'on chercheroit inutilement dans les plus grands livres.

Les Recüeils de Factums sur diverses matieres du Palais, de Querelles, d'Apologies, de Requêtes, de Pretentions, de Disputes & autres pareilles choses peuvent fournir des dis-

dissertations & des éclaircissemens fort utiles, sur tout quand ces piéces sont sorties de bonnes mains & de personnes sçavantes.

Les Recüeils de Gazettes, de Mercures François, de Mercures Galants, de Chansons, de Comedies, de Poësies ne sont pas à negliger : on a souvent besoin de recourir aux premiers pour justifier des dattes, aux seconds pour divers traitez d'Histoire, & l'on trouve dans les autres plusieurs piéces galantes, spirituelles & singulieres, qui peuvent servir dans la conversation.

Les Recüeils de piéces fugitives & imprimées en Hollande sont des tresors pour les Bibliotheques.

Les Journaux des Sçavans, les Jugemens des Auteurs, les Eloges des Hommes Illustres, les Memoires des Sciences & des beaux Arts, sont aussi necessaires pour connoître divers Auteurs.

La Grand Ciaconius est excellent pour s'instruire des Papes & des Cardinaux, que l'on y voit selon l'ordre des tems auxquels ils ont vecu.

Le Gallia Christiana de Mr. de Ste.Marthe pour la suite de nos Evêques.

Le P. Anselme pour nos Rois, les Princes de la maison Royale & du Sang Royal & pour les grands Officiers.

Les Histoires des Parlemens de Paris & de Bourgogne, pour en connoître les divers Officiers selon l'ordre des tems. Il seroit a souhaiter que tous les autres Parlemens donnassent ainsi leurs Histoires.

L'Histoire des Secretaires d'Etat, celle des Maîtres des Requêtes, des Secretaires du Roy Maison & Couronne de France.

L'Italie sacrée d'Ughelli pour les Prelats d'Italie.

Les Bibliotheques imprimées de diverses Nations, de divers Corps Reguliers & de diverses Professions, pour en connoître les Auteurs & les Ouvrages qu'ils ont publiez.

Les Recüeils d'Inscriptions anciennes & modernes, ont leur utilité, & sont souvent très necessaires.

Les Dictionnaire Historique de Moreri, peut fournir des éclaircisſemens ſur divers faits Hiſtoriques, ou ſur la connoiſſance de quelques perſonnes, lorſqu'on n'a pas loiſir de recourir aux ſources pour s'en inſtruire plus ſeurement.

X.

Des Etudes partagées.

Un grand ſecours pour l'Etude, eſt celui d'un certain nombre de gens de Lettres, qui s'aſſociant enſemble pour ſe ſoulager en leurs travaux, ſe partagent certains Ouvrages & certaines entrepriſes, qui d'elles mêmes ſont trop vaſtes pour pouvoir être exécutées avec ſuccés par une ſeule perſonne.

C'eſt ainſi que Mr. le Duc de Montauſier, Gouverneur de la jeuneſſe de Monſeigneur le Dauphin, & homme de belles Lettres, voulant avoir des Commentaires & des Paraphraſes ſuccintes des meilleurs Ouvrages Latins des Anciens, tant en proſe qu'en vers, diſtribua ces Auteurs à autant de perſonnes differentes, capables de s'en bien acquitquitter : ainsi en moins de quatre ou cinq ans, on vit paroître.

Apulée avec les notes, de Mr. Fleury.

Aulugelle, par le Pere Jacques Proust Jesuite.

Aurelius Victor, de Mademoiselle Le-Febvre.

Virgile, par le R. P. Charles de la Ruë Jesuite.

Boëce, de Mr. Cally.

Cesar, de Mr. Godüin.

Catulle, Tibulle, Properse, de M. du Bois.

Epitres Familieres de Ciceron, du P. Quartier Jesuite.

Les Oraisons de Ciceron, du P. Merouville Jesuite.

Les Livres de Rhetorique de Ciceron, du P. Proust Jesuite.

Les Panegyriques Anciens, par le P. Jacques de la Beaune Jesuite.

Claudien, de M. Piron.

Dictys de Crete & Darés Phrygien, de Mademoiselle Le-Febvre.

Eutropius, de la même.

Sexus Pompeïus Festus & M. Verrius Flaccus, de M. Dacier.

Le Poëte Prudence, par le Pere

Etienne Chamillart Jesuite.

Cornelius Nepos, de Mr. Courtin.

Florus, de Mademoiselle Le-Febvre.

Horace, de Mr. des Prez.

Justin, du P. Cantel Jesuite.

Juvenal & Perse, de Mr. des Prez.

Lucréce, de M. du Fay.

Manilius, de M. du Fay.

Martial, de Mr. Colesson.

Ovide, de Mr. Crispin.

Phédre, de Mr. Danet.

Plaute, de Mr. de Lœuvre.

Pline Histoire naturelle, du P. Hardoüin Jesuite.

Quinte Curce, du P. le Tellier Jesuite.

Saluste, de Mr. Crispin.

Stace, de Mr. Berauld.

Suétone, de Mr. Babelon.

Tacite, de M. Pichon.

Terence, de Mr. le Camus.

Tite-Live, de M. Doujat.

Valere Maxime, du P. Cantel Jesuite.

Velleius Paterculus, du P. Riguez Jesuite.

Se-

Screvelius avoit deja compilé les notes de divers Interpretes, sur la plû-part de ces Livres, comme on avoit fait sur divers Ouvrages de Ciceron; sur les Historiens de l'Histoire Auguste, & sur quelques autres Ouvrages où l'on peut remarquer les diverses lumieres de ces Auteurs & faire choix de celles qui paroissent plus justes & plus raisonnables, en les comparant les unes avec les autres: Aprés quoi il paroit aisé de bien entendre un Auteur avec ces éclaircissemens.

A peine avoit-on commencé à publier ces interpretations *ad usum Serenissimi Delphini*; que quelques années aprés on forma le dessein de travailler sur l'Histoire Romaine par les Medailles & les Inscriptions, qui sont les monumens les plus seurs, sur lesquels cette Histoire peut être traitée. On fit choix de plusieurs personnes intelligentes en ce genre de Litterature, & l'on en forma une espéce de Compagnie, qui s'assembloit tous les lundis dans l'Hôtel de Mr. le Duc d'Aumont, l'un des quatre Premiers Gentils-Hommes du

Roy, qui en exerçoit aussi les fonctions auprés de la personne de Monseigneur, qui l'avoit chargé de lui chercher des Pierres gravées Antiques & d'autres Curiositez pour son cabinet. Et parceque cette entreprise étoit d'une trop vaste étenduë, pour pouvoir être fournie en peu de tems, par ceux qui s'assembloient tous les lundis; on y associa divers sçavans & curieux des Provinces, auxquels on assigna leurs portions de cette Histoire.

1. Mr. Vaillant l'un des plus habiles de l'Europe en la connoissance des Medailles Antiques, fut chargé des Medailles Consulaires, c'est-à-dire de l'Histoire Romaine avant Jules Cesar, qu'il remit depuis à M. Boudier Gentil-Homme de Mante, l'un des plus intelligens en la connoissance des familles Romaines, sous lesquelles ces Medailles ont été frappées.

2. Mr. l'Abbé de Camps composa la vie de Jules Cesar.

3. Le R. P. du Moulinet Bibliothecaire de Sainte Geneviéve, la vie d'Auguste.

4.

4. Le P. Meneſtrier Jeſuite, les Vies de Tibere, de Caligula & de Claude.

5 Mr. l'Abbé de Lanion, la vie de Neron.

6. Le R. P. Jobert Jeſuite, Othon, Galba & Vitellius.

7. Mr. Spanheim envoyé de Mr. l'Electeur de Brandebourg & ſi connu par ſes Ouvrages ſur les Medailles antiques, Veſpaſien, Tite & Domitien.

8. Mr. Carcavi garde de la Bibliotheque & des Medailles du Roy, Nerva.

9. M. Vaillant, Trajan.

10. Mr. Rainſſant Medecin de Rheims, & qui eut depuis la garde des Medailles du Roy. Adrien & Lucius Ælius.

Mr. Anzout de l'Academie des Sciences, Antonin Pie.

M. le Preſident Bignon, Marc Aurele, & Verus.

M. Spon Medecin de Lyon, qui avoit beaucoup voyagé en Grece & au Levant pour faire amas de Medailles, l'Empereur Commode.

Le R. P. Chaponel de Ste. Geneviéviéve, Pertinax & Didius Julianus.

M. de Monjeux Intendant de M. le Duc d'Aumont, Pescennius & Albin.

M. Baudelot, Septime Severe, Caracalla & Geta ses Fils.

Mr. du Moulinet, Eliogabale & Alexandre Severe.

M. Fesch en Suisse, Maximin & Maxime.

Mr. Morel Suisse, mais qui étoit alors à Paris, Maximin & Maxime.

M. Foucault Me. des Requêtes & Intendant à Poitiers, Gordien le Jeune.

M. d'Aligre, Philippe & son Fils.

M. Spon, aprés la vie de Commode, entreprit celle de Déce.

M. Anzout, celle de Trebonius Gallus, de Volusien & d'Emilien.

Mr. Vaillant, Valerien & sa famille.

Ce dessein étoit grand, magnifique, & tous ceux qui y travailloient bien capables de l'executer; mais l'esperance qu'on avoit donnée, que le Roy appuïeroit ce dessein si digne de de la grandeur de son Regne, s'étant évanoüie par les engagemens d'une nouvelle guerre, fit laisser ce projet imparfait, dont cependant la plû-part des parties étoient en état de voir le jour.

Il est seur que des partages de travail en ces vastes entreprises, sont d'un grand secours ; mais toutes sortes de Matieres ne peuvent pas être ainsi maniées par piéces détachées. C'est ce qu'éprouva le Cardinal de Richelieu, pour les sujets de Tragedie & de piéces de Théatre qu'il voulut distribuer à cinq Auteurs, dont chacun composoit un Acte ; mais il n'est par aisé de reüssir de cette sorte, dans les Ouvrages de Poësie qui roulent sur une fiction mêlée de divers Episodes & composée d'une intrigue, où l'on fait joüer divers resorts : Il faut que le même esprit & le même style regnent par tout, conduire le nœud & le denoüement jusqu'a certain nombre de Scenes, qui enjambent d'un acte à l'autre, ou qui s'y doivent rapporter pour conduire les péripeties.

En

En toute autre espéce d'Etude sur tout de l'Histoire, des Commentaires & des Ouvrages de Critique & d'Erudition, trois ou quatre amis de même goût & de même genie, peuvent bien s'associer pour se faciliter leurs études. On le peut faire pour les Traductions, chacun travaillant separement, & conferant aprés ensemble de leur travail, pour voir qui aura mieux pris le sens de son Auteur, & qui l'aura mieux tourné & rendu en nôtre langue. Cela se pratique ainsi en quelques Academies d'Italie ; c'est ainsi que l'on travaille à present au Journal des Sçavans de Paris & aux Memoires des Sciences & des beaux Arts de Trevoux.

Les Peres Benédictins de la Congregation de St. Maur se sont ainsi partagez entre eux, les éditions nouvelles de plusieurs saints Peres, de saint Augustin, de St. Ambroise, de St. Athanase &c.

Les Peres Jesuites Flamans font la même chose, pour les vies des Saints, *Acta Sanctorum*, pour lesquelles les Peres Bollandus, Henschenius, Pappepebroch & quelques autres ont travaillé & travaillent encore avec tant de ſuccés.

Les Dialogues des Anciens nous repreſentent fort bien ces Etudes partagées, comme dans les livres de l'Orateur de Ciceron, où Antonius & Craſſus font ſi bien tous les caracteres de l'Eloquence dont chacun d'eux explique les principales parties.

XI.

Exercer la Memoire.

Celui qui a dit que la Memoire étoit le Gardemeuble des Sciences, quelque baſſe que ſemble cette expreſſion, par rapport à une ſi noble faculté de l'ame, n'a pas laiſſé d'en faire un caractere aſſez juſte par rapport à ſon office; puiſqu'elle eſt la depoſitaire de tout ce que nous apprenons. En effet nous ne ſçavons, que preſqu'autant que nous pouvons nous ſouvenir, de ce que nous avons appris. Il eſt donc important de cultiver cette faculté ſi neceſſaire à l'étul'étude. On ne parle pas ici de la Memoire dont les Rheteurs ont fait la quatriéme partie de l'Eloquence & de l'Art Oratoire ; c'est-à-dire de celle qui doit tellement posseder une suite de paroles liées les unes aux autres ; qu'elle puisse fournir à prononcer mot à mot un long discours. Si elle est absolument necessaire à ceux qui font profession de parler en public ; Plusieurs, qui ne s'engagent pas à cet exercice laborieux, peuvent se delivrer de ces penibles corvées ; mais s'ils veulent avoir de quoy fournir aux conversations & aux entretiens des personnes qui cultivent les beaux Arts & les belles Lettres, ils doivent s'appliquer à se faire comme des Magazins de reserve, d'où ils puissent tirer ces secours.

Il y a deux sortes de Memoire, une Memoire d'imagination qui ne se remplit que d'idées, d'images, de faits & de representations, & une Memoire qui assemble des mots, qui les lie les uns aux autres & qui à force de les faire passer en revûë les uns aprés les autres, les re-

retient & les rend dans le même ordre dans lequel elle les a placés auparavant.

Il est certain que pour l'Histoire, & pour en rapporter les faits, on a principalement besoin d'une Memoire d'imagination, non seulement qui fixe les objets; mais qui retienne les noms des personnes & des lieux, les dattes des tems & les autres circonstances les plus essentielles aux faits & aux évenemens. Il ne faut pas neanmoins pour cela, avoir recours à ces artifices de lieux & dimages, dont parle Antonius dans le Dialogue de l'Orateur de Ciceron; mais il est important de s'imprimer autant que l'on peut l'imagination de la representation de ces faits, comme si on les voyoit effectivement. Antonius dans le Dialogue de Ciceron, dit, que les images que l'on choisit, doivent avoir de l'action, de la vivacité & de l'éclat, & que s'offrant à l'esprit sans peine, elles y puissent faire une soudaine impression. L'Exercice qui engendre l'habitude donne de la facilité pour ces choses. Trois jeu-

nes

nes Professeurs d'un College célébre qui s'étoient unis pour leurs Etudes, dont ils conferoient tous les jours ensemble, dans le dessein qu'ils formérent d'apprendre à fond les Antiquitez Romaines, s'en partagerent entre eux les Livres, Rosin Dempster, Panvinius, Morlian, Brisson, Fenestelle, Sigonius, Manuce &c. & aprés avoir fait des Extraits de tous ces livres, ils s'aviserent de faire par leurs Ecoliers, des representations des principales cérémonies de la Milice, du Senat, des Augures, des Comices du champ de Mars, &c. cequ'ils firent avec tant de succés que ces representations non-seulement les instruisirent & leurs Ecoliers; mais attirerent à ces spectacles, les Magistrats & les plus honnêtes gens de la Ville, qui avoüerent que l'on ne pouvoit faire des instructions plus utiles, que ces representations qui frappoient tellement l'imagination, que jamais on ne pourroit oublier ce que l'on avoit vû. Ainsi les Ecoliers qui s'affectionnoient à ces representations, s'y preparoient avec soin, & n'ayant cha-

chacun que trois ou quatre mots à reciter, ils étoient aussi-tôt prêts. On leur faisoit observer exactement la forme des Habits, des Augures, des Senateurs, des Triomphateurs, des divers Ordres de Milice, & cette montre de trois ou quatre cens écoliers avoit quelque chose de majestueux sous ces habits.

Il y en a d'autres, qui se contentent de faire peindre dans leurs classes le Cirque, l'Amphiteatre, le champ de Mars, les Naumachies, les diverses Couronnes, les Armes, les Habits &c. C'est pour cela qu'il est bon de voir dans les livres, les figures de ces representations.

Ce n'est pas aussi sans sujet, que pour une plus parfaite intelligence des poëmes Epiques qui sont des poëmes narratifs & des poëmes Dramatiques qui sont des representations, on fait des figures de ce qu'il y a de principal dans chaque livre, ou en chaque Acte. On a donné de cette sorte un Virgile en Angleterre qui est fort beau. Nos Poëtes ont suivi cet exemple; & nous avons de cette sorte le Clovis

de

de Mr. des-Marets, l'Alaric de M. Scudery, la Pucelle de M. Chapelain, le St. Loüis du Pere Le Moine.

Du tems du Cardinal de Richelieu, on pratiqua la même chose pour plusieurs piéces de Théatre: on l'a fait depuis plus d'un siécle pour les Livres de la Bible, pour l'Histoire Evangelique, pour quelques Histoires, dont on fera voir l'utilité dans la partie suivante de cette Bibliotheque, en traitant des Livres d'Images.

Outre ces secours que les Images & les representations peuvent fournir pour la memoire, il y a d'autres exercices qu'un honnête-homme y doit joindre, pour se remplir des idées des choses les plus spirituelles.

Il faut qu'il apprenne par cœur, les plus beaux endroits de certains Auteurs, particulierement des Poëtes, des Descriptions, des Similitudes, des Scenes & des rôlles entiers, des Portraits de leurs Heros; en quoy Florus est merveilleux, les instructions Morales de Seneque, les Harangues des Historiens, des

Epi-

Epigrammes, des Sonnets, des Inscriptions, des Emblêmes, des Devises, des Pasquinades, des bons Mots, des Traits des Poëtes Satyriques, des Odes d'Horace, des Passions de nos Tragedies de Corneille & de Racine. Il y a des Ecclesiastiques & des Prélats, qui sçavent par cœur les plus beaux endroits des Prophetes & des Epitres de St. Paul; comme il y a des sçavans qui recitent des pages entieres d'Homere, & de Demosthene, de Ciceron & de Tacite, des Odes de Pindare & d'Anacreon, des Metamorphoses d'Ovide, de ses Epitres & divers Lambeaux des piéces de nos meilleurs Ecrivains.

Ces piéces recitées à propos, dans la conversation, font honneur à ceux qui les recitént; sur tout quand elles se presentent naturellement & sans affectation, qui est un vice insuportable quand on s'apperçoit qu'un homme veut à-tort & à-travers, faire parade de ce qu'il a appris, & ne cherche qu'à fatiguer les oreilles de ceux avec qui il s'entretient.

XII.

Des Principes des Sciences & des Arts dispoſez en forme de Jeux.

Pour adoucir le travail de l'étude qui eſt penible & laborieux, il n'eſt point d'addreſſe & de ſecours qu'on ait pû imaginer, que l'on n'ait mis en pratique, juſqu'à reduire en forme de jeux, tout ce que l'on a crû qui pourroit contribuër à rendre l'étude agréable, en faiſant de ſes applications des eſpéces d'amuſemens. Ce fut pour cela ſans doute que les Romains, qui furent ſi ſages, donnerent aux Ecoles où s'inſtruiſoit la jeuneſſe, le même nom qu'ils donnoient aux ſpectacles, aux jeux & aux divertiſſemens. Cette Nation ſi éclairée, ayant fait reflexion que l'homme étoit composé de corps & d'eſprit, voulut donner à l'une & à l'autre des parties qui le compoſent, d'honnêtes divertiſſemens. Ils eürent pour cet effet des lieux deſtinez aux exercices du corps & des lieux deſtinez aux exercices

cices de l'esprit, & ils donnerent aux uns & aux autres le nom de Jeux. *omnem scholam*, dit Asconius, *ludum dixere Romani.* Ils eurent les jeux de Cirque & les jeux de l'Amphitheatre; comme les Grecs avoient eü auparavant leurs jeux Olympiques, Isthmiques, Pythiens, & Neméens, où le corps & l'esprit avoient également de quoy s'exercer. La célébrité de ces jeux attiroient les gens de Lettres, aussi bien que les plus adroits aux courses des chariots & des chevaux, & ils n'eurent point d'Epoques plus fameuses pour leurs Annales que les Olympiades.

Le Sage nous represente la Création du Monde, qui fut le premier Ouvrage de la Sagesse de Dieu, aussi bien que de sa puissance, comme une espéce de Jeu, parceque sa Toute-Puissance à qui tout est également aisé, semble joüer en tirant toutes choses du néant par sa seule parole, ou pour mieux dire par sa seule volonté, *Ludens in orbe terrarum.*

C'est pourquoy les Romains voulurent que les enfans qui ne sont pas capables de raisonnement, ni de grandes reflexions, fussent instruits par forme de jeu, quand ils donnerent le nom de maîtres de jeu, à ceux qui leur enseignoient les premiers élemens de la Grammaire. *Ludi-Magistri dicuntur qui primas litteras docent:* dit Asconius.

Ciceron écrivant à Pætus, lui dit, que Denys le Tyran ayant été chassé de Syracuse, ouvrit une école à Corinthe, & ne donne point d'autre nom à cette école, que le nom de Jeu. *Dionysius Tyrannus, quum Syracusis expulsus esset, Corinthi dicitur ludum aperuisse.*

Ces premiers Maîtres exerçoient leurs disciples par des recitations publiques, qu'ils nommoient declamations, leur faisant representer les anciennes fables & les anciennes Histoires, par des spectacles Dramatiques. Ils les partageoient en Provinces, en Factions, en Peuples, & en Tribus de diverses Nations, pour les animer à disputer, les uns contre les autres, par une émulation qui leur éveilloit l'esprit, excitoit leur applica-

tion

tion & leur rendoit l'étude plus agréable & plus aisée; c'est dans ces vûës que l'on a cherché en tous les siécles, des moïens de rendre les études faciles à la jeunesse. L'inclination qu'elle a naturellement, de chercher à se divertir & à fuir le travail, a fait préferer les inventions des jeux à beaucoup d'autres methodes pour les instruire avec moins de peine.

Le Fils de Dieu nous a representé dans l'Evangile les jeux des enfans Juifs, qui pour exprimer les divers Etats dans lesquels leur Nation s'étoit trouvée, disoient à leurs Compagnons: nous avons joüé de la flute, & vous n'avez point dansé: nous avons chanté des airs lugubres & vous n'avez point temoigné de deuil. *Cui similem assimilabo generationem istam? similis est pueris sedentibus in foro, qui clamantes coæqualibus dicunt: cecinimus vobis & non saltastis, lamentavimus & non planxistis* Matth. XI. 16.

Comme les enfans des Juifs répresentoient ainsi les deux Etats differens de leur Nation; les enfans

Romains repreſentoient le ſiége de Troyé & toutes les factions de ce ſiége, ainſi que Virgile a remarqué au 5. de l'Eneide.

Trojaque nunc pueri, Trojanum dicitur agmen.

Les Grecs avoient auſſi leurs jeux ſçavans, dont Julius Pollux & Meurſius ont conſervé quelques idées.

Barthelemi Taëggio célébre Juriſconſulte de Milan diſtingue cinq eſpéces de jeux ; les jeux de pur hazard, comme les jeux de Dez, qu'il condamne abſolument ; les jeux de hazard & d'eſprit, comme les jeux de Cartes dont il ne condamne que le mauvais uſage ; les Jeux d'eſprit comme les Echecs; d'eſprit & d'addreſſe comme la Paume ; d'eſprit, d'addreſſe & de force comme la Lutte.

Il eſt certain que le jeu des Echecs a toûjours paſſé pour jeu d'eſprit, non ſeulement parcequ'il demande beaucoup d'attention pour être bien joüé ; mais encore parcequ'il repreſente une eſpéce de combat entre deux armées rangées en bataille: puiſ-

puiſqu'il s'y fait des marches & des contremarches, qui entrelaſſant les piéces, marquent les ruſes de la guerre, & demandent beaucoup d'attention ſur diverſes piéces tout à la fois pour n'être pas ſurpris.

On ne peut nier que ce jeu ne ſoit un jeu de Science, puiſqu'il tire ſes fondemens de deux Sciences, ou Arts Libéraux, à ſçavoir, la Geometrie & l'Aritmetique, étant ſur le côté d'une ſuperficie pleine quarrée & perfectionnée avec le nombre de huit, qui eſt nombre entier, lequel multiplié en ſoi-même, fait une multiplication de ſoixante quatre, qui eſt le nombre des caſes du jeu des Echecs: cependant quelque ſçavant que ſoit ce jeu, il ne conduit à aucune Science, ni Art; au lieu qu'on a trouvé le moïen de faire ſervir le jeu des Cartes à donner les principes de quelques beaux Arts & même de quelques Sciences, de la Géographie, de l'Hiſtoire, de la Chronologie, des Fables, du Blaſon, de la Grammaire, & même de la Logique &c. Ainſi ce Jeu pour n'être pas auſſi ancien que ce-

celui des Echecs, paroit plus ingenieux; il n'a pas plus de trois cens ans. Il n'en est fait nulle part, mention avant le 14e. siécle. En l'Ordonnance que fit en 1391. le Roy Charles VI. pour defendre les jeux, qui empêchoient ses Sujets de s'exercer aux armes pour la defense du Roïaume il est parlé des Dez, des Tables, ou Dames, du Pallet, des Quilles, des Boules, du Billard & autres semblables, sans aucune mention des Cartes. *Deciorum, Tabularum, Paleti, Quilliarum, Boularum, billarumque Ludos, & his similes quibus subditi nostri ad usum armorum pro defensione nostri Regni nullàtenus exercentur, vel habilitantur sub pœna X. solidorum nobis applicandorum.*

Cette année 1392. fut l'année malheureuse, en la quelle le Roy Charles V I. tomba en frenesie, & ce fut pour le divertir durant cette maladie que l'on inventa le jeu des Cartes.

Le plus ancien memoire que l'on ait pu decouvrir, où il fut fait mention du jeu de Cartes, est de l'année 1392. dans un compte de Charles

les Poupart, Argentier pour le Roy pour un an, à commencer le 1. Fevrier 1392. où il est dit.

A Jaquemin Gringonneur Peintre, pour trois jeux de Cartes à or & à diverses couleurs, de plusieurs devises, pour porter devers ledit Seigneur, pour son ébatement LVI. sols Parisis. *Registre de la Chambre des Comptes.* Ce qui pourroit faire soupçonner que ce jeu eut commencé en France, c'est que toutes les figures avoient des fleurs de Lys sur leurs habits, & que la Hire dont le nom se voyoit au bas du valet de cœur, en pourroit avoir été l'inventeur & s'être fait compagnon d'Hector & d'Ogier le Danois, qui sont les valets de Pique & de Carreau, comme il semble que le Cartier se soit reservé le valet de Trefle pour y mettre son nom.

Un Synode tenu à Langres en 1404. defend aux Ecclesiastiques diverses sortes de jeux, entre lesquels les Cartes sont nommées. *Prohibemus Clericis & viris Ecclesiasticis potissimè in Sacris Ordinibus constitutis*

& maximè sacerdotibus & Curatis ne omninò ludant ad Taxillos, ad aleas ad Tringuetum, quod aliter nominatur ad punctum Scaccarii, neque ad Cartas, neque ad Stophum dictum à la paume &c. Laurent Bochel *in Collectione decretorum Ecclesiæ Gallicanæ Tit.* XIX. *lib.* VI. *cap.* I. *de Alea, lusu, Choreis spectaculis & aliis prohibitis.*

Vingt six ans aprés cette defense du Concile de Langres, Amedée VIII. Premier Duc de Savoye en 1430. faisant des Statuts pour regler ses Etats, fit un Article exprés de *Ludis & Lusoribus*, où il declare les Jeux permis & les Jeux defendus.

Quoniam Ludorum quidam sunt ad tædii remedium, animi solatium, corporis exercitium, recreationemque & industriam. Quidam verò ad propriarum facultatum debursationem, alienarumque substractionem & ambitionem, nec-non fraudum, perjuriorum, blasphemiarum & injuriarum Dei & proximi perpetrationem, inter hujusmodi ludos, sic duximus distinguendum, quùm Ludos primæ speciei, ut pote scacorum, aleæ pilæ, paleti, billiarum, arcus, ballistæ & similes,

miles, in præsentia nostri fieri permittimus, dummodo nullum lucrum pecuniarum vel alterius cujuscumque rei exceptis duntaxat comestibilibus & potabilibus, quæ inter ludentes uno tantùm pastu consumi valeant, interveniant; cæteros verò ludos, sicut taxillorum, Cartarum, Trinqueti & similes dolosos & ambitiosos quovis modo cum pecuniis & sine pecuniis publicè vel occultè, per quoscumque subditos nostros deinceps perpetuo fieri vel eis uti prohibemus, sub pœna blasphemorum superius libro 1°. titulo de maledicis & blasphemis annotata, in pios usus per modos ibidem declaratos exequenda & convertenda mulieribus tamen ad recreationem & viris cum eis jocantibus, ludum Cartarum permittimus, dummodo tantum fiat cum spinolis. Ces ordonnances & defenses nous marquent bien à peu près le tems de l'origine du jeu des Cartes; mais n'en decouvrent, ni les premiers Auteurs, ni leur disposition.

Leur nom de Cartes marquent la matiere qui étoit de Carton, ou de feuilles de papier collées ensemble. Le Synode d'Aix de 1585. qui les nomme *pagellas pictas*, en décrit en partie la forme. *Ne pagellis pictis, aut alea, aliove hujus modi ludi genere ludant aut ludentes spectent.* Il parle aux Ecclesiastiques.

Ce qui est une preuve, que cette invention n'a pas plus de trois siécles, c'est qu'on ne voit ni bas-reliefs ni peintures plus antiques, ni tapisseries, où ce jeu soit representé; au lieu qu'on y voit des Echiquiers, des Dez, des Cornets, des Boules, des Quilles &c. Nos vieux Romans nous representent tous ces jeux sans dire mot de celui-ci. Ce qui fait voir encore évidemment qu'il devoit être peu commun avant l'invention de la graveure en bois, qui donna occasion à celle de l'Imprimerie; c'est qu'il falloit les peindre, ce qui ne se faisoit pas sans frais, & s'il en eut fallu changer aussi souvent que l'on fait à present, quelle depense eut-il fallu faire, pour un jeu auquel le Duc de Savoye ne permettoit aux Dames que de joüer des epingles.

Comme ce furent les Allemans qui trouverent les premiers la graveure en bois; ils furent aussi les pre-

premiers à imprimer des jeux de Cartes. Il eſt vray qu'ils les firent de pluſieurs figures extravagantes, bien differentes des nôtres, puiſqu'ils y repreſenterent Dieu les Anges, le Diable, le Pape, la Papeſſe, des Rois, des Fols &c. & pour les rendre de plus d'uſage ſans pouvoir être ſi facilement ſalies ni reconnuës par le dos, ils les bigarrerent de lignes frettées en forme de Rezeüil qui leur fit donner le nom de *Tarcuits* & de Cartes Tarautées. Parceque le mot de *Tare*, defaut, déchet, tache, eſt proprement un trou, dont l'Etymologie eſt le mot Grec τιρέιν *Terebro*, *torno*, *vulnero* τερηδὼν *Teredo*, ver qui ronge le bois, *Terebra* Tariere à percer, *Terere* froiſſer, uſer à force de froter. *Tare* eſt donc toute ſorte de tache, de defaut, de déchet, ouvrage taré, eſt un ouvrage percé, uſé, rayé, dont on a formé *Tarif* pour une feuille de papier ou une table diviſée par lignes & par quarrez, pour marquer la taxe des Denrées & des Marchandiſes à payer aux bureaux des Doüannes, & des tablettes où ſe marquent le prix & l'évaluation des monnoyes ſelon leurs augmentations & leurs diminutions. On dit auſſi en terme de Blaſon un caſque tarre, c'eſt-à-dire qui a des targettes qui barrent la viſiere.

La compoſition de notre Jeu de Cartes, de Roys, de Dames, de Valets & d'As juſqu'au nombre de dix, diviſez par leurs figures 1. 2. 3. 4. 5. 6. 7. 8. 9. 10. avec les images de Cœurs, de Piques, de Trefles, & de Carreaux, fait voir que l'on voulut, que ce jeu fut inſtructif, en même tems qu'il ſerviroit au divertiſſement; avec cette difference des Echecs, que ce Jeu-là étant une image de la guerre & d'un combat, on voulut que celui-ci repreſentat un Etat paiſible & l'Etat politique, compoſé de Roys, de Reynes, de Vaſſaux, & de quatre corps d'Eccleſiaſtiques, de Nobleſſe, de Bourgeois & de Laboureurs, Artiſans ou gens de campagne. Les Eccleſiaſtiques repreſentez par les Cœurs en forme de Rebus, parceque les Eccleſiaſtiques ſont gens de chœur, pour les exercices de Religion: la No-

Noblesse militaire par les Piques qui sont les armes des Officiers qui commandent les troupes & qui les conduisent : Les Bourgeois par les Carreaux qui sont le pavé des maisons qu'ils habitent ; & les gens de la Campagne par les Trefles.

Ce qui fait voir que ce fut le dessein des Inventeurs de ce Jeu, c'est que les Espagnols ont exprimé la même chose, quoyque sous des signes differents. Les Ecclesiastiques par des Calices ou coupes *Copas*, la Noblesse par des Epées *Espadas*, les Bourgeois & Marchands par les Deniers *dineros*, & les gens de travail & de la Campagne par des Bâtons *bastos*.

On voulut aussi representer les quatre grandes Monarchies par les quatre Roys, David pour la Nation Juïve, Alexandre pour la Grecque, Jules Cesar pour la Romaine, Charlemagne pour le nouvel Empire établi en Allemagne.

Les quatre Dames étoient Rachel, Judith, Pallas & Argine, pour marquer les quatre voyes par lesquelles les Dames peuvent regner,

ner ; par la beauté comme *Rachel*, par la piété comme Judith ; par la Sagesse comme Pallas , & par les droits de la naissance comme Argine, qui étoit l'Anagramme de *Regina*, n'y ayant jamais eü de Reyne sous le nom d'Argine.

Les Valets representoient les Sergens d'armes *servientes armorum*; c'est-à-dire les gardes des Princes. Le terme de valet que l'on a avili en le donnant aux gens de service , étoit un terme d'honneur & de distinction d'âge, Geoffroy de Joinville qui étoit d'une grande Naissance, est surnommé du titre de *Valet*, dans l'Histoire de la maison de Broye chap. VI. pour le distinguer de son Pere. Les jeunes Seigneurs qui n'avoient pas encore reçû l'Ordre de Chevalerie étoient appellez *Valets*. Le Fils de l'Empereur de Constantinople est ainsi nommé dans Villehardoüin qui dit en son Histoire de la conquête de Constantinople. *Ensi furent envoïé li message en Allemagne al Valet de Constantinople , & al Roy Phelippe d'Allemagne.*

L'Origine de ce terme est Bachelet

let ou Vasselet de *Vassallus*, de vasselet on a fait Vaslet & Valet. Dans les Capitulaires de nos Roys & dans les livres des Fiefs, les feudataires sont nommez *Vassi Dominici*, & ceux qui tiennent les Arrieres-fiefs, *Vassalli*. Ainsi comme les Princes sont censez les premiers Vassaux des Souverains, on donnoit à ces Princes & à ces jeunes Seigneurs le nom de Valets.

Il passa depuis aux Sergens d'armes de la garde des Roys *Servientes armorum* & à ceux qui les servoient à la chambre, qui sont encore à present nommez valets de chambre; nom que l'on a depuis étendu par abus à tous ceux qui servent quelque personne que ce soit, au lieu qu'ancienement il ne se donnoit qu'aux jeunes Gentilhommes qui n'étoient pas encore Chevaliers. Maitre Waces Chanoine de Baïeux qui vivoit en 1168. dit en la vie de Richard premier, Duc de Nomandie.

N'est mie Chevalier, encore est
Valleton.

Les haches ou halebardes, qu'ont les

les valets dans le Jeu de Cartes, & la forme de leurs habits, font voir qu'ils étoient Sergens d'armes. Il reſte un beau monument de ces Sergens d'armes en deux pierres gravées, & appliquées au mur de l'entrée de l'Egliſe de Sainte Catherine de la Couture, où l'on les voit repreſentez, aux côtez de la porte d'entrée en dedans. Ils avoient là leur Confrerie dès le temps de St. Loüis, & ils y ſont repreſentez.

Quoique l'on trouve le mot de *Berland* dans des titres plus anciens que le tems auquel on a marqué l'invention des Jeux de Cartes, ce n'eſt pas une marque qu'ils ſoient plus anciens, car bien que le Berland ſe prenne à preſent pour une eſpéce de jeu de Cartes, il étoit alors indifferent à toute ſorte de jeux principalement des Dez, *Berlenghum* que l'on trouve dans quelques regiſtres du Parlement dès l'an 1300. ſignifioit alors une eſpéce de Taudis de planches dreſſé à la campagne, au proche des Murs des Villes & de la cloture des Villages, où les faineants alloient joüer comme me on fait à present aux loges & taudis dressez pour les foires.

Les Italiens ont reçû les derniers le jeu de Cartes, ce qui fait que peu de leurs Auteurs en ont parlé. Leur Dictionnaire de la Crusca dit *Carta diciamo un mazzo di carte dipinte, che ec ne servian per giucare*; & cite comme le premier Auteur qui en ait parlé parmi eux Monsignor Dini Archevêque de Fermo, un de ses Academiciens en un traité manuscrit du Gouvernement domestique. *Trattato del governo della famiglia testo a penna di Mons. Dini Arcivescovo di Fermo nostro Academico.*

Il semble que ce soit des Florentins qui trafiquoient en France, où ils exerçoient la banque, que ce jeu soit passé chez eux; aussi ont ils retenu les mêmes figures, & ont introduit le jeu de la Bassette qui est une espéce de Banque, où l'un met un prix & l'autre encherit. Entre leurs chansons de Carnaval, qui sont des espéces de Mascarades de gens qui representent divers metiers, il y a des Joüeurs qui disent.

Noi abbian carte a fare alla Baſ-
ſetta
E con vien che l'une alzi e laltro
metta.

Et le Berni en ſes rimes Burleſques, dit que le plus beau de tous les jeux, eſt la Baſſette parcequ'il eſt d'abord fait.

E più bella la Baſſetta
Per ch' egli è preſto, e ſpacciativo givoco.

Il eſt auſſi très-dangereux & capable de ruïner en peu de tems beaucoup de gens, ce qui l'a fait juſtement defendre ſous de griéves peines dans les Etats bien reglez.

Le premier qui ait cherché à rendre utile pour l'eſprit, le jeu de Cartes, eſt un Cordelier Allemand nommé Thomas Murner, né à Straſbourg. Ce Religieux au commencement du ſiécle précédent, enſeignant la Philoſophie à Cracovie, & depuis à Fribourg en Suiſſe, s'apperçût que les jeunes gens étoient rebutez des écrits d'un Eſpagnol qu'on qu'on donnoit aux Logiciens pour apprendre les Termes de la Dialectique, il resolut d'en faire une nouvelle par images & par figures, en forme de Jeu de Cartes, afin que le plaisir engageant les jeunes gens à cette espéce de Jeu, leur fit surmonter toutes les difficultez qui se trouvent dans cette étude épineuse. Il le fit avec tant de succés, que l'un des principaux Docteurs de l'Université de Cracovie dit, que dans les commencemens ce Pere fut soupçonné de Magie, parceque ses Ecoliers faisoient des progrés extraordinaires dans l'Etude de la Logique, & que pour se justifier, il fut obligé de produire ce nouveau Jeu aux yeux des premiers Docteurs de l'Université, qui non seulement l'approuverent, mais l'admirerent comme quelque chose de divin. Voici le glorieux témoignage que l'on rendit à cette invention nouvelle. *Ego Magister Joannes de Glogovia, Universitatis Cracoviensis Collegatus & ad sanctum Florianum in Clepardia Canonicus, testimonium do veritati : quæ enim audivimus, & vidimus, non possumus*

sumus non protestari. Venerabilem Patrem Thomam Murner Alemanum, Civitatis Argentinensis, filium nostræ Universitatis Cracoviensis, Sacræ Theologiæ Baccalaureum, hanc Chartiludiorum praxim, apud nos finxisse, legisse & non sine grandi omnium nostrûm admiratione, usque adeo profecisse, quod in mensis spatio etiam rudes & indocti, sed in rebus Logicis, sic evaserint memores & eruditi: quod grandis nobis suspicio de prædicto Patre oriebatur, quoddam magicarum rerum infudisse potius quàm præcepta Logica tradidisse. Auditores enim suos, juramento compulerat hanc suam praxim in duobus annis non prodere, sed nec cuiquam viventi communicare, de qua suspicione nostra ad expurgationis responsa vocatus, hoc præsens obtulit Chartiludiorum memoramentum, sic à nobis approbatum, sic laudatum, ita quod non modo non magicum, sed divinum potius ingenium habuisse unanimi voce judicaremus, virum laudavimus, & in nostrum numerum insigniter promovimus, nec suo labore frustratus, viginti quatuor Ungaricos Florenos mercedis titulo recepit quibus ego interfui, quæ & vidi & hisce auribus hau-

hausi, ob quod veritatis testimonium præbui, in fidem omnium & singulorum præmissorum.

Ce Jeu de Cartes est composé de figures assez bizarres, il contient cinquante deux Cartes, dont les signes qui les distinguent sont des Grelots, des Ecrevisses, des Poissons, des Glands, des Scorpions, des Bonets fourrez, des Cœurs, des Sauterelles, des Soleils, des Etoiles, des Pigeons, des Croissans de Lune, des Chats, des Ecussons, des Couronnes & des Serpens. Mr. de Balesdens Avocat au Parlement de Paris, fit imprimer ce Jeu de Cartes à Paris l'an 1629. sous ce titre. *Chartiludium Logicæ seu Logica Poëtica, vel memorativa R. P. Thom. Murner Argent. Ordin. Minorum. Opus quod centum amplius annis in tenebris latuit, erutum & in apertam sæculi hujusce curiosi lucem productum, opera, notis, & conjecturis Joan. Balesdens in Senatu Gal. Adv.*

C'est sur ce modele que l'on inventa au milieu du siécle dernier plusieurs autres Jeux de Cartes, de l'Histoire, de la Geographie, des Fables, des Roys de France, des Reines &

& des Capitaines Illustres, avec cette incommodité, que n'y ayant rien qui determinât ni aux nombres ni aux figures ordinaires du Jeu de Cartes, il fallut peindre sur chacune, la figure d'un Trefle, d'un Cœur, d'un Pique, & d'un Carreau, & mettre en chiffre les nombres sur chacune de ces figures. Mr. Des-Marets de l'Academie Françoise, fit le Jeu des Roys de France, des Dames renommées, des Metamorphoses & de la Geographie.

L'An 1660. Mr. de Brianville Claude Oronce Finé fit un Jeu de Cartes du Blason sur la forme de ceux de l'Histoire & de la Geographie & comme il avoit composé ce jeu des armoiries des Princes du Nord, d'Italie d'Espagne & de France; la rencontre fâcheuse des armoiries de quelques Princes sous les titres de Valets & d'As, lui firent des affaires. Les planches furent saisies par les Magistrats, il fut obligé de changer ces titres odieux en ceux de Princes & de Chevaliers. Son Ouvrage fut aprés cela, bien reçû. Il s'en fit plusieurs édi-

éditions & le Livre qui contenoit des points d'Histoire & de Geographie, rendit ce jeu utile aux jeunes gens qui apprenoient par ce moïen l'Histoire, la Geographie, & le Blason.

L'An 1678. le Sieur Antoine Bulifon Libraire Lionnois, s'étant établi à Naples, y porta ce Jeu de Cartes, & l'ayant fait traduire en Langue Italienne, il se fit une Societé de jeunes Gentils-hommes, qui s'assembloient un jour de la semaine en forme d'Academie, pour se divertir à cette sorte de Jeu, mais d'une maniere très-utile pour s'instruire. Leur premiere assemblée se fit le 19. Septembre, & aprés avoir étendu une Carte de l'Europe sur une table, ils se partageoient les Cartes de l'un des quatre Jeux, & chacun en ayant pris une, raisonnoit sur la partie de l'Europe où se trouvoit l'Etat des personnes marquées par leurs armoiries: il en racontoit succintement l'Histoire, & en blasonnoit les armoiries. Ce fut le Seigneur Dom Annibal Aquaviva qui commença cette societé & qui

qui en fut d'abord le Directeur. Ils prirent le nom d'*Armeristi*, selon l'usage des Academies d'Italie, & pour devise la Carte de l'Europe, sur laquelle étoient quelques Cartes du Jeu de Blason, avec ces mots; *pulchra sub imagine ludi* : prétendant par cette devise non seulement faire entendre qu'ils s'intruisoient en joüant, mais encore que toutes les grandeurs du Monde, & toutes les puissances de la Terre representées par leurs Blasons, ne sont qu'un Jeu de la fortune.

Il s'est fait un de ces jeux en Angleterre, sur la même forme, avec les 4. points ordinaires de Cœurs, de Carreaux, de Piques & de Trefles tous noirs, les nombres marquez aux côtez par des chiffres, & les Roys, Dames, & Princes par des Lettres K. *Kinge* Roy, Q. *Quene* Reine, P. Prince. Pour les 4. Rois, ils ont mis les quatre Royaumes, dont le Roy d'Angleterre porte les armoiries. Angleterre pour le Roy de Cœurs, Irlande pour le Roy de Carreaux, France pour le Roy de Piques & Ecosse pour le Roy de Tref-

Trefles. Pour la Reyne de Cœurs, c'étoient les armoiries du Duc d'York, depuis Roi Jacques II. pour la Reine de Carreaux, du Prince Robert : pour celle de Piques, des Archevêques de Cantorbery & d'York, & pour celles de Trefles les Ducs de Norfolk, de Somerſet, & de Buckingham. Les As ſont des Barons auſſi bien que les 2. 3. & 4. Les cinq ſont des Evêques de quatre à quatre. Les ſix, des Vicomtes. Les ſept, les huit, les neuf & les dix, des Comtes.

Enfin, l'an 1682. D. Caſimir Freſchot Religieux Benedictin, preſenta au Doge de Veniſe & au Senat, un Jeu d'Armoiries de la Nobleſſe Venitienne ſous ce titre. *Li Pregi della Nobilta Veneta abbozzati in un Givoco d'arme di tutte le famiglie.* Il dit dans la preface de ſon Livre, qu'il a ſuivi l'ordre du ſieur de Brianville. *Ho ſeguitato nel mio Givoco, l'ordine del ſignor Oronce Fine Gentilhomo Franceſe, nel ſuo Givoco* DE PRINCIPI E STATI SOVRANI D'EVROPA. Pour les quatre Rois, il a pris les quatre grandes dignitez, LE PAPE, L'EMPEREUR, un ROY, & LE DOGE. Pour les Reines, des Armoiries de Femmes, de Princesses & de Provinces. Pour les Princesses, la Noblesse étrangere aggregée à la Noblesse Venitienne : pour Chevaliers, les Genéraux des Armées de la Republique. Les signes qu'il a emploïez au lieu des Cœurs, Piques, Carreaux, & Trefles, sont quatre fleurs, Violettes, Roses, Lys, & Tulipes, sur lesquelles il a mis des Lettres pour les Dignitez, & des chiffres pour les Nombres.

Il faut avoüer que tous ces Jeux, quelques ingenieux qu'ils paroissent, ne sçauroient être de grande utilité pour les Etudes. Ils frappent d'abord par leur nouveauté & par leurs images; mais ils instruisent peu, ou l'application que demandent quelques uns, empêche trop le divertissement pour ne pas les rendre ennuyeux. Le seul qui paroît le moins fatigant, est celui du Blason, où le nombre des Ecussons égale celui des points des autres Cartes, & les noms des maisons, mis au dessous de chaque

que armoirie, fait accoûtumer ceux qui joüent, à connoître ces familles par leurs armoiries, ce qui est un des principaux fruits du Blason.

Il y a une autre sorte de Jeu, qui semble plus facile pour s'instruire, & qui paroît plus aisé à joüer; c'est le jeu de l'Oye si commun & que l'on pretend être venu des Grecs, quoyqu'il n'en paroisse aucun vestige dans leurs Auteurs. Ce jeu est beaucoup plus aisé, que celui des Cartes, parcequ'il est toûjours tout entier, exposé aux yeux des Joüeurs, & qu'étant fait en forme de Limaçon ou de Serpent plié spiralement, il est propre à marquer les choses que l'on veut aprendre par progression, comme une suite d'Histoires ou de principes d'un Art.

Le Jeu de l'Oye est composé de 63. quarrez, dont le premier est la Porte par laquelle on entre, & le 63. une plus grande Porte par laquelle on sort aprés avoir gagné. Les figures des Oyes sont placées de neuf en neuf sur les Nombres qui joints ensemble peuvent representer neuf à commencer cependant par le cinq, nombre dont le double retourne à l'unité; de-là il passe au 14. dont les deux chiffres joints font cinq. 1. & 4. un autre 23. 2. & 3. font cinq. 41. 4. & 1. 50. ôtez le Zero c'est cinq. Au 59. se joignent le 5. & le 9. Le neuf est aussi toûjours representé par les nombres qu'il produit. 2. fois neuf 18. 1. & 8. trois fois 27. 2. & 7. sont neuf &c.

Il semble que l'on ait voulu par le Jeu de l'Oye, faire un Systême du progrés de nôtre vie sujette à beaucoup d'accidens, & dont la 63. année, est l'année Critique & Climaterique, laquelle quand on peut passer, il semble qu'on n'ait plus rien à craindre, & que l'on peut attendre une douce vieillesse jusqu'à la decrepitude. Cette Climaterique est composée de sept fois neuf dont tous les Novenaires sont marquez par la figure d'une Oye, laquelle en Allemand se nomme *Ganss*, comme aller & marcher se dit *gange* en cette même langue; ce qui fait croire que les Allemans ont renouvellé ce jeu, qu'ils pourroient avoir appris des Grecs, parmi lesquels cet Oiseau amphibie se nommoit χλὼ παρὰ τὸ χαίνειν, disent les Etymologistes Grecs *quia adversus eos à quibus invadi se putat, Anser dehiscit.*

En joüant à ce Jeu, on est toûjours en crainte par les chances qui arrivent, de tomber ou dans le Labyrinthe ou dans le puits, ou dans la prison ou à la mort. Ce qui marque les divers accidens de la vie, ses embarras & ses égaremens figurez par le labyrinthe, les chutes par le puits, la captivité ou la perte de la liberté par la prison.

C'est sur le modele de ce Jeu, que l'on en a inventé d'autres pour l'Etude; un Jeu des Metamorphoses d'Ovide, des Fables anciennes, de l'Histoire de nos Roys, & le chemin de l'honneur pour apprendre le Blason.

Les Jeux des Metamorphoses, des Fables, & des Illustres Capitaines &c. sont trop embarrassez parcequ'on a voulu les faire servir aux deux espéces de Jeux de Cartes & d'Oye, qui n'ont pas assez de rapport, pour être ainsi traitez à deux mains, & les rencontres que l'on y veut faire cadrer, n'ont rien d'assez ingenieux & d'assez juste.

Il s'est fait aussi un Jeu Chronologique pour apprendre la suite des siécles, qui sont divisez en trois parties, dont la premiere se termine au 20. siécle considerable par la naissance de Nôtre-Seigneur Jesus-Christ. La troisiéme & derniere se termine au siécle 17. qui est celui des deux Roys Loüis de Bourbon XIII. & XIV.

Ces siécles se trouvent distinguez sous divers titres, 1. d'Adam, 2. de Seth, 3. d'Enos, 4. de Cainan, 5. de Jared, le 6. est un siécle obscur qui n'a rien de considerable, le 7. d'Henoch, 8. de Tubalcaïn, ou de l'Invention du Fer & de l'Airain, 9. de Lamech, 10. de la mort d'Adam & d'Henoc, 11. de Noë, 12. de la mort d'Enos petit Fils d'Adam, 13. de la mort de Cainan, 14. Obscur, 15. mort de Jared, 16. naissance de Sem fils de Noé, 17. le Deluge, 18. la Tour de Babel, 19. de Tharé, 20. d'Abraham, 21. d'Isaac, 22. de Jacob, 23. de Joseph, 24. de Cahat fils de Levi, ayeul paternel de Moïse,

25. de Moïse, 26. de Josuë & d'Othoniel, 27. de Debora & Barach, 28. de Tola, Jair, Jephté & autres Juges, 29. d'Eli, de Samuël, de Saül & de David, 30. du Temple de Jerusalem ou de Salomon, 31. d'Arbaces Ier. Roy des Medes, 32. de Romulus, 33. la prise de Samarie, 34. la prise de Jerusalem, 35. de l'Empire des Perses, 36. de la prise de Rome par les Gaulois, 37. d'Alexandre le Grand, 38. des Machabées, 39. d'Aristobule, 40. de la Naissance de Jesus-Christ.

Aprés quoi l'on commence par l'Ere Chretienne, 1. siécle des Apôtres. 2. des Antonins. 3. de Papinien. 4. de Constantin, 5. de Pharamond & Clovis, 6. de Justinien, 7. de Mahomet, 8. de Charles Martel, 9. de Charlemagne, 10. d'Hugues Capet, 11. de Guillaume le Conquerant, 12. des Roïs de Jerusalem, 13. de St. Loüis, 14. du Siége des Papes à Avignon, 15. la prise de Constantinople, 16. Les Valois, 17. les deux Loüis de Bourbon.

Ce Jeu sans difficulté auroit été plus utile que tous les autres; mais il eut fallu le conduire autrement, & en faire deux, l'un avant la venüe de Jesus-Christ, comme les siécles des figures & des promesses, & l'autre de la seule Ere chrétienne & de l'établissement de l'Empire de Jesus-Christ.

C'est pour faciliter le souvenir des derniers seize siécles, que l'on a fait ces quatre vers memoratifs.

1. *Les Cesars*, 2. *Antonins*, 3. *Morts*, 4. *Constantin le Grand*,
5. *Barbares*, 6. *Clovingiens*, 7. *Mahomet*, 8. *Brise-image*,
9. *Martel*, 10. *Othon*, 11. *Capet*, 12. *Jerusalem se rend*,
13. *Les Saints*, 14. *Avignon*, 15. *Turcs*, 16. *Héréfies* 17. *& nôtre âge*.

Le premier est celui des douze Cesars, le 2. des Antonins, le 3. des Tyrans, le 4. de Constantin, le 5. des Goths, Vandales & autres Barbares, 6. des Rois Clovingiens, 7. de Mahomet, 8. des Iconoclastes, 9. de Charles-Martel, Pepin, Charlemagne, 10. des Othons Empereurs, 11. Hugues Capet, 12. La Prise de Jerusalem, 13. fut le siécle des Saints Domi-

Dominique, François, Loüis &c. 14. le Siege des Papes dans Avignon, 15. l'Empire des Turcs, 16. les Héréſies de Luther & de Calvin, 17. nôtre Age le dernier ſiécle.

Le Prince Thomas de Savoye à l'occaſion de ce vers de l'Arioſte,

Facean ſedendo in Cerchio un Givoco lieto.

inventa un Jeu fort ſpirituel ſur le Poëme de l'Arioſte qu'il appella.

Il Laberinto dell'Arioſto Gioco Heroico.

C'eſtoit une grande table ronde, capable de recevoir 12. perſonnes, qui puſſent ſans ſe lever de leurs places, porter la main juſqu'au milieu de la table, ſur laquelle étoit repreſenté un Labyrinthe diviſé en pluſieurs routes larges, qui faiſant chacune un demi-cercle, ſe replioient en divers retours, ou quarrez, ou demi-ronds: & ſur le milieu du diametre étoient deux portes opposées l'une pour entrer & l'autre pour ſortir. Tous les chemins étoient enfermez d'une double haye, capables de recevoir deux vers en caracteres liſibles: & où il ny avoit point de vers, étoient des palissades de verdure avec quelques arbres & des quarreaux de Jardin marquez de chiffres & de nombres dans les guides des sentiers, commançant par le nombre un mis à l'entrée jusqu'à 339. qui finissoit le Jeu. Un Arbrisseau s'élevoit au dessus de chaque nombre, tant pour l'agrément; que pour plus de distinction. Toutes les routes étoient figurées de divers sujets tirez du Poëme de l'Arioste, & divisez en quatre Classes, ou de quatre espéces differentes. Les uns appellez Passages simples, les autres grands Passages les autres Honneurs ou Dignitez & les dernieres, Peines selon que portoient les sujets depeints. Chaque histoire ou petite ou grande, avoit son titre & son vers, qui enseignoit ce que devoit faire celui qui y arrivoit & tous les vers étoient de l'Arioste.

Les Joüeurs étoient six Cavaliers & six Dames distinguez par les noms des personnages du Poëme. Pour marque du Jeu chacun avoit sa petite statuë du personnage qu'il reprepresentoit,& le nom écrit audessous. Les Personnages étoient Roland, Roger, Bradamante, Marsise &c. pour éviter entre tant de personnages, les rencontres trop frequentes qui pourroient arriver en jettant les mêmes nombres, on joüoit avec trois Dez à plusieurs faces, pour faire un plus grand nombre de points differents, suivant lesquels chacun se plaçoit.

Les nombres simples étoient ceux qui ménoient aux Cases marquées de semblables nombres sans aucune autre figure, comme les quarrez ou Cases du Jeu de l'Oye marquées des points des Dez.

Les Cases figurées étoient celles qui representoient quelque histoire de l'Arioste, les Passages simples étoient quelques figures du même Poëme, auxquelles étant arrivé sans s'arrêter, on avançoit deux passages au de-là & l'on s'alloit placer à la premiere Case simple aprés ce troisiéme passage.

Les grands Passages étoient sur les retours des routes du Labyrinthe auxquels quand on venoit à donner, on en passoit trois tout d'un coup & l'on alloit au nombre simple qui suivoit immediatement.

Des Cases figurées quelques-unes étoient favorables aux Cavaliers seulement, d'autres aux Dames & d'autres également aux Dames & aux Cavaliers.

Les honneurs étoient les Cases privilegiées, selon l'Histoire, où celui qui entroit, recevoit un tribut ou un present d'une marqne de chaque Joüeur.

Les peines grandes, ou prisons majeures étoient les Cases infortunées, qui faisoient mettre une marque au Jeu & attendre un Liberateur.

Les Liberateurs étoient ceux qui entroient dans les Cases privilegiées, selon l'histoire & ils pouvoient delivrer les prisonniers des Cases correspondantes, Cavaliers ou Dames, qui païoient leur rençon à leur liberateur.

Le grand Liberateur pouvoit delivrer des douze grandes Prisons, tous ceux qui s'y trouvoient.

Le 1. Nombre ou Case figurée pour l'entrée, representoit la fuite d'Angelique sous ce titre.

Angelica entra nella selva.

Le vers de l'Arioste écrit au-bas, étoit,

> *Lascia cura al destrier che la Via faccia.*

C'est de ce point que l'on commençoit à joüer & jettant les trois Dez, on alloit aux points qu'ils amenoient, où l'on mettoit pour signe, la petite statuë.

Au nombre 6. étoit la seconde Case figurée, du pont de la Geante.

Ponte della Gigantesca.

Le vers au-dessous.

> *Defende il ponte: e forza e inganna e fura.*

C'étoit une Case penale; quiconque y entroit, mettoit une marque dans la Case des Assassins au nombre 259. & passoit au nombre 18.

Au nombre 11. étoit un Passage simple, où Ferragus prenoit en croupe Renaud. Le vers au-bas étoit.

> *Da quatro sproni il destrier punte arriva.*

On

On alloit deux passages plus avant.

Au nombre 13. étoit l'un des grands honneurs.

Le Temple de Merlin.

Avec ces vers.

Questa è l'antica e memorabil grotta
Che' dificò Merlino il sacro mago.

Tous donnoient une marque à celui qui y arrivoit.

Le nombre 17. étoit la barque de Bretagne avec ce vers.

Quì Cavalier non Varca.

Le Cavalier s'y arrétoit jusqu'à ce qu'une Dame vint le delivrer, à laquelle il payoit une marque, il passoit au nombre voisin.

Nombre 22. Passage simple.

Sacripant guide Angelique.

Le vers.

Non troverà mai più scorta si fida.

Nombre 27. l'Astrologue.

Le Vers.

Medi-

Medico, e Mago e pien di Astrologia.

Le Cavalier qui y entroit mettoit une marque dans la Case des choses perduës, & regardoit le ciel jusqu'à ce que tous eussent joüé une fois.

Nombre 32. Passage simple.

Bradamante fuit.

Le Vers.

Correndo a tutta briglia si disserra.

Il avançoit deux passages.

Nombre 37. un Fauconnier arrête Roger.

Le Vers.

Che dirai tu, se subito ti fermo?

On payoit au jeu & l'on s'arrêtoit jusqu'à ce que tous eussent joüé un coup de plus.

Nombre 42. Passage simple.

Renaud monte à Cheval.

Le Vers.

Gridò, scendi, Ladron, dal mio Cavallo.

Nom-

Nombre 47. le Pont de Rodomont.

Le Vers.

Il passar quindi vuol che costi caro.

On mettoit une marque en la Case des Assassins 259. & on passoit à la premiere Case vuide & non figurée.

Nombre 52. Grand Passage.

Un Esprit fait escorte à Renaud.

Le Vers.

A tutte briglie passa in ver Pariggi.

Nombre 53. le Chateau d'Atlas, Prison commune à Dames & Cavaliers.

Les Vers.

Forza è chè l'mira abarbagliato resti
E venga al Negromante in potestade.

Nombre 58. Dispute sur le bouclier de Roger.

Le Vers.

Molti Guerrier si misero all' inchiesta.

Un Cavalier se trouvant en cette Case, un autre qui à raison de son

point,

point, doit passer outre, s'arrête & tous deux tirent au sort avec les Dez, qui des deux passera ; celui qui a le sort passe outre, & l'autre demeure, attendant que tous ayent joüé deux coups.

Nombre 63. Alcine chasse Astolfe.

Le Vers.

Dase cacciommi la fata consdegno.

Nombre 68. La Case du Sommeil.

Le Vers.

In questo albergo il grave sonno giace.

Quiconque y entre paye une marque dans la Case des choses perduës 213. & attend les yeux fermez comme s'il dormoit, que tous ayent joüé deux fois.

Nombre 73. La Baleine emporte Astolfe.

Les Vers.

Equel di tutto, e la notte che venne
Sopra quel mostro in mezzo al mar si tenne.

Grande peine pour les Cavaliers seulement.

Nom-

Nombre 74. Grand Paſſage.

Une Dame enlevée.

Io non poſſo ſeguire un' Huom che vola.

Nombre 78. Filandre Priſonnier innocent.

Condamnò l'Innocente a ſtar prigione.

Les Cavaliers ſeuls mettent une marque en la Caſe des Aſſaſſins 259. & s'arrêtent juſqu'à ce qu'il vienne un Liberateur, & paye ſa ſortie, paſſant au nombre plus voiſin non figuré: s'il nevient aucun liberateur, il attend que tous ayent paſſé le milieu du Labyrinthe.

Nombre 82. Meliſſe à Cheval, Paſſage ſimple.

E cinta e Scalza monto ſopra quello

Nombre 83. Le Palais des delices d'Alcine, grande Dignité.

Non vi ſi ſta ſe non in feſta e gioco.

Tous payent une marque à qui y parvient.

Nombre 87. Le Roy de Friſe retourne en arriere, le Cavalier qui y vient paye une marque & retourne en arriere au nombre 7.

Nombre 91. Roland endormi & songeant, monte à cheval.

Passage simple.

Tutto guernissi, se Brigliadoro tolse.

Nombre 95. Bradamante combat trois Cavaliers & les abbat.

Li Sfida e poi tre Cavalier Pregiati,
Manda giù dal destrier a capo Chinò

Qui faisoit d'abord rafle de trois As, passoit tout d'un coup à cette Case.

Nombre 99. Passage simple, le Courrier & Brunello.

Non ti manchera guida, li rispose.

Nombre 103. Bradamante delivre les prisonniers d'Atlas.

Le Donne i Cavalier si truovan fuora.

C'estoit un grand Liberateur, une Dame y entrant delivroit tous les prisonniers du Chateau d'Atlas de la Case 53. qui lui payoient une marque.

Nom-

Nombre 107. Roger force les Gardes, grand Passage.

Esce dal Ponte el Rastello ha spezzato.

N.108. L'Orque ou Baleine devore les Dames.

O misere Donzelle, che transporta.
Fortuna ingiuriosa al lido infausto.

Grande peine seulement pour les Dames.

N. 114. Alcine delivre Astolfe de la Baleine. Grand Liberateur.

Tu saprai forze riparare il danno.

Une Dame y entrant, delivroit un seul prisonnier de la Baleine. Case 73.

N. 120. Prison d'Alcine grande peine pour les Cavaliers seulement.

Hor tu qui sei per non usata via.
Signor venuto all' Isola fatale.

N. 121. Bradamante lie Brunello & part, grand Passage.

Qui vi la Donna esser conosce l'hora.

N. 125. six enfilez par Roland.

E fino à sei vegl' infilzo, eliresse.

En faisant rafle de trois deux, on alloit tout d'un coup à cette Case, si on ne l'avoit pas encore passée.

N. 127. Palais du Contrôlleur.

E comando che fosse accarezzato
E si studiasse ognun di fargli honore.

Grande dignité, tous lui donnent pour lui faire honneur.

130. Passage simple; Renaud prend congé du Roy Charles.

Lascia Pariggi e se ne via solo.

N. 134. Roger delivre Angelique.

Slegò la Donna, e la levò dal lido.

Liberateur Majeur, un Cavalier peut delivrer une Dame prisonniere de l'Orque, en 108.

N. 138. Un Ange conduit Renaud. Passage simple.

Che ben parca d'all' Angelo condotto.

N. 142. Melisse delivre les prisonniers d'Alcine.

Ec-

Ecco l'o anello atto alla tua ſalute.

Liberateur Majeur, un Cavalier delivre tous les priſonniers de la priſon d'Alcine en la Caſe 120.

N. 146. Paſſage ſimple. Roger tire ſon cheval.

Che troppo mal quel gli ubbidiva al morſo.

N. 147. Paris aſſiegé.

Parigi in tanto havea laſſedio intorno
Dal famoſo figluol del Re Trojano.

Peine grande pour tous.

N. 150. Caverne de l'Enfer.

E ſara forza a dietro ritornare.

On paye au jeu, & on retourne au premier point à recommencer.

N. 153. La Cité des Amazones.

Quivi l'antica legge ognun che arriva
In perpetuo tien ſervo o che l'uccide.

Peine grande pour les ſeuls Cavaliers.

N. 154. Paſſage grand, le paſſage d'Ald'Alcine avec un flambeau.

Le tenebre cacciò con molto lume.

N. 161. L'Ange delivre Paris.

Dovunque Drizza Michel Ange l'ale
Fuggon le nubi, e torna il ciel sereno.

Grand Liberateur. Un Cavalier delivre tous les assiégez de la case 147. de Paris assiégé.

N. 168. Passage grand. La Porte d'Enfer.

Apre la Stada chi abandona il lume.
Celui qui y arrive doit recommencer le jeu, payer une marque à tous les Joüeurs & laisser un gage pour faire penitence.

N. 169. l'Enfer.

Che nulla redentione è nell' Inferno.

Cette figure est au centre du jeu, qui y arrive Cavalier ou Dame perd le Jeu & double le capital qui se trouve au milieu.

N. 170. Passage grand, Astolfe quitte les armes & monte à Cheval.

Ha-

Haveas da far quanto potea più lieve.

Il passe jusqu'au concave de la lune 233.

N. 177. Marfise tue neuf Cavaliers.

In somma nove lun doppo, l'altro vecide.

La Rafle de trois y conduit, & qui la fait y va, à moins qu'il ne l'eut déja passé.

N. 184. Passage grand, le Geant porte Angelique.

Ruggier gli è appresso e dì seguir non lascia.

N. 185. Palais de Pinabello.

Restate olà: che qui si paga il fio.

Peine grande, Prison commune.

N. 189. Astolfe & Bradamante delivre les Prisonniers des Amazones.

Sgombraro in modo e piazze, e Templi e case.
Che quasi vuota la Città rimase.

Liberateur majeur, soit Cavalier, ou Dame les delivre tous.

N. 193.

Nombre 193. Lieu de la folie de Roland.

Il quarto dì da gran furor commosso.
E maglie e piastre, si stracciò d'adosso.

Peine grande pour les hommes, qui quittent l'épée & la mettent pour gage.

N. 194. Passage grand, les Demoiselles arrêtent Roger.

Al suo dritto camin l'avena stampa.

N. 198. Marfise prisonniere de Bradamante.

Grido' che fai. Tu sei mia prigioniera

S'il y a une Dame placée en cette Case, l'autre qui passe demeure sa prisonniere & lui paye une marque, & l'autre va à la Case la plus proche non figurée.

N.202. Aquilante suit Marfise, Passage simple.

Spronano dietro agli nimici in fretta.

N. 210. Passage simple Marfise avec Gabrine en croupe.

Di là dal fiumicel ſeco la traſſa.

N. 213. La Caſe où ſe trouvent les choſes perduës.

Ciò che in ſomma là giu perdeſti mai
Là sù ſalendo ritrovar potrai.

Grand honneur ou dignité : qui y peut entrer , gagne toutes les marques & les gages qui s'y trouvent.

N. 215. Aſtolfe delivre Roland.

Solvite me con viſo ſi ſereno.

Liberateur majeur , un Cavalier en delivre un priſonnier de la Maiſon de la folie de Roland 193.

N. 219. Marfiſe entre en joûte. Paſſage grand.

Entra Marfiſa ſun deſtrier Leardo.

N. 220. Caligorant prend dans ſes filets les paſſans.

E ſpaventati d'entro ve li caccia.

Peine grande , Priſon commune.

N. 226. Bradamante tombe dans la grotte de Merlin.

Giacque

Giacque stordita la Donzella al-
quanto.

Les Dames seules y restent sans rien payer.

N. 232. La valée de Marganorre.

E qui bandite e misere viviano.

Peine grande pour les Dames seulement.

N. 233. Astolfe va au concave de la Lune.

Rotando il carro per l'aria le vassi.

Passage grand on va jusqu'à la porte du Paradis 288.

N. 237. Isabelle penitente.

Per farsi amica a Dio con opre sante.

La Dame met un gage dans la Case des choses perduës & aprés avoir payé au jeu, demeure en priere jusqu'à ce que tous ayent joüé.

N. 241. Passage simple. Un païsan derobe & s'enfuit.

Sopra vi sale e se ne va con esso.

N. 245. Caligorant est pris dans ses filets.

Ir puote homai sicuro il Pellegrino.

Liberateur majeur. Un Cavalier délivre tous ceux qui sont pris dans les filets de Caligorant, 120.

N. 249. Gabrine s'enfuit, Passage simple.

Per valli e monti e per via dritta e Storsa.

N. 253. Livre d'Astolfe contre les enchantemens.

Côme l'Huom riparar debba gli incanti
Mostra il libretto che costei li diede.

Qui y entre peut délivrer autant de prisonniers qu'il lui plaît de toutes les Cases.

N. 257. Bradamante sur le Pont, Passage grand.

Subito al Ponte di venir disegna.

N. 259. Marfise enleve la proye aux Assassins.

Riman la preda el' campo à vincitori.

Grande dignité, qui y entre gagne

ne tout ce qui ſe trouve dans cette Caſe.

N. 262. Marfiſe délivre les priſonnieres de Marganor.

Leva la legge ria di Maganorre.

Liberateur majeur. Une Dame delivre toutes les Dames priſonnieres en la Caſe 232.

N. 266. Bradamante porte Rodomont ſur ſa lance. Paſſage grand.

Le vol di ſella e in aria lo ſoſpeſe.

Nombre 267. Le Purgatoire de St. Patrice.

Il ſanto Vecchiarel fece la cava.

Peine grande , Cavaliers & Dames y reſtent juſqu'à ce que l'Ange liberateur aille à la Caſe 282.

N. 272. Mandricard tombe dans un foſſé.

Se un foſſo à quel deſir non foſſe averſo.

Quiconque y entre s'y arrête juſqu'à ce que tous ayent joüé, aprés quoi il ne paſſe pas la premiere Caſe non figurée.

N. 277. Un Heros défie le Roy Charlemagne. Paſſage ſimple.

E quel di a Carlo l'ambaſciata venne.

Nombre 282. l'Ange delivre du Purgatoire.

Poiche han purgato ogni ſua voglia prava.

Liberateur Majeur. Un Cavalier delivre tous ceux qui ſont priſonniers dans la Caſe 267. qui en ſort paye une marque au Liberateur & paſſe ſon chemin ſans danger.

N. 287. Naufrage de Roger.

Il legno vinto in piu parti ſi laſſa.

Peine grande. Tous y reſtent juſqu'à ce qu'un Cavalier entre dans la Caſe de l'Hermite.

N. 288. La Porte du Paradis.

Gli è ver che ti biſogna alto viaggio.

Paſſage grand. On va tout du long juſqu'au Paradis, 327. & ſans craindre aucun danger.

N. 297.

Nombre 297. Roger arrêté par les monstres.

E fierà compagnia con grande intoppo.

Les Cavaliers retournent en arriere jusqu'à la Case, & mettent une marque dans celle des Assassins 259.

N. 298. Melise delivre Bradamante de la grotte de Merlin.

Piglierai meco la più dritta via.

La Dame delivre une autre Dame de la Case 226. & choisit celle qui lui plaît.

N. 303. Dalinde penitente.

Eva far penitenza nel deserto.

La Dame met un gage à la Case des choses perduës, & demeure en oraison, jusqu'à ce que tous ayent joüé.

Nombre 308. Un Cavalier poursuit Renaud.

Li fu alle spalle e si messe conlui

Passage simple.

N. 313. l'Hermite delivre Roger.

Con gran travaglio alfin l'arena attinge.

Un Cavalier en delivre un des detenus en la Caſe 287. du naufrage de Roger.

N. 318. Un Cavalier s'envole. Paſſage ſimple.

E ſparue inſieme il ſuo deſtrier con lui.

N. 323. Bradamante retourne à la grotte.

Penſa al fin di tornare alla ſpelonca.

La Dame retourne à la grotte de Merlin 13. & paye à l'entrée & à la ſortie.

N. 327. Paradis terreſtre.

De fratti a lui del paradiſo diero,

N. 329. Renaud dans la forêt Calidonie.

Chi non ha gran valor non vada innanzi.

On tourne en arriere juſqu'au paſſage 154.

N. 334. La fontaine de l'oubli.

Venite a ber dell' amoroso oblio,

Tous ceux qui s'oublient de joüer, ou qui font quelque autre erreur sur le jeu, mettent une marque en cette Case & un gage, & y demeurent jusqu'à ce que tous ayent joüé.

N. 339. Le fanal du Port.

Veggo la terra, e veggo il lito aperto
Venuto alfin di cosi longa via.

C'est la derniere Case, qui peut y entrer le premier, gagne tout le jeu, & tout ce qui se trouve dessus. Qui passe au delà de ce nombre, retourne en arriere d'autant de Cases qu'il a jetté plus de points sans s'arrêter aux Cases figurées.

On n'a proposé ce jeu que pour faire voir, qu'on en pourroit faire de semblables beaucoup plus utiles, en prenant les sujets de l'Iliade, & de l'Odissée d'Homere, de l'Eneïde de Virgile, de l'Achilloïde & de la Thebaïde, de

 Stace,

Stace, & de tous autres Poëmes Epiques. Ce qui ſerviroit à fixer dans l'imagination toute la conſtruction de chacun de ces Poëmes, & à retenir beaucoup de Vers appliquez aux Caſes.

Fin du ſecond Tome.

TABLE

Du Tome II. de la Bibliotheque curieuse & instructive.

Fin de la Table du Tome. II.

E

Age 3.
Pag. 3
g. 50. D
g. 60.
ption e
g. 65.
g. 87.
g. 93.
g. 104
ion.
g. 109,
pour le
g. 137.
g. 142.
g. 157.
g. 170.
g. 213.
. Che
if. pare
g. 215.

Errata du Tome second.

PAge 35. Llante, *lis.* llanto.

Pag. 37. Xystas, *lis.* Xystus.

Pag. 50. Doge Gradenugo, *lis.* Gradenigo.

Pag. 60. Il faut placer en carton l'inscription en lettres capitales.

Pag. 65. Anciens Sabasses, *lis.* Salasses.

Pag. 87. Afin de recorer V. M. *lis.* recréer.

Pag. 93. tetant son chemin, *lis.* tenant.

Pag. 104. Le Roi avec le Gallon, *lis.* Gallion.

Pag. 109. Portoit le Sargure, *lis.* le Sacre, pour le S. Sacrement.

Pag. 137. colleter, *lis.* Colletet.

Pag. 142. Buroald, *lis.* Beroald.

Pag. 157. Monsieur Anzout, *lis.* Auzout.

Pag. 170. Tarcuits, *lis.* Tarauts.

Pag. 213. *Eliresse*, lis. *e li resse.*

Ibid. Che ben parca per l'Angelo condotto, lis. *parea.*

Pag. 215. *Michel Ange l'alé*, lis. *l'Angelo.*

www.ingramcontent.com/pod-product-compliance
Lightning Source LLC
Chambersburg PA
CBHW050744030726
47505CB00002B/396
* 9 7 8 2 0 1 9 9 7 5 8 4 5 *